KB057189

조선의 민낯

실록에서 찾아낸

조선의 민낯

이성주 지음

애플북스

역사 속에 살아 숨 쉬는
인간의 이야기, 조선 미시사

"조선 시대에도 우리와 똑같은 사람들이 살았을 텐데 어째서 우리가 알고 있는 역사는 엄숙하고 무겁기만 할까?"

〈조선미시사〉란 프로그램을 만들 당시 사극이나 교과서에 나오는 거대 담론이 아니라 그 시절에 살았던 사람들의 땀내 나는 이야기, 피가 흐르는 인간의 이야기를 하자던 SERICEO의 조정수 파트장과 나눴던 대화가 기억난다. 그 말에 지금도 동의한다.

우리는 역사를 바라볼 때 두 가지 시선을 가지게 된다. 교과서에 말하는 역사는 언제나 그렇듯 '큰 그림'을 말한다. 그 시대의 정치, 경제적인 문제점을 지적하고 이를 가지고 정형화된 틀 안에 역사를 끼워 맞춘다. 소위 말하는 거시사다.

역사 서술 방식에는 망원경으로 한눈에 조망하는 거시사와 현미

경과 같이 하나의 사건을 집요하게 파고드는 미시사가 있다. 이 둘을 각자 떼어놓아 어느 게 옳다고 말하는 것 자체가 어리석은 행동이다. 거시사와 미시사는 상호 보완적인 관계이다. 멀리서 내려다본 다음, 가까이 다가가 세밀하게 관찰한다면 역사의 본질 자체를 이해할 수 있는 것이다.

우리가 교과서에서 배운 조선의 역사는 언제나 박제된 역사였다. 사람이 아니라 사건이 먼저 나왔고, 과정보다는 결과를 중시했다. 그러나 그 안에서 역사를 움직인 것은 사람이었다. 그리고 그 역사 속 인물은 우리가 그렇듯 아주 작은 사건이나 감정의 변화에 의해 무언가를 결정하게 된다. 미시사는 어쩌면, 인간에 대한 이해와 연구일지도 모른다. 우리가 교과서에 바라본 역사 속 이야기는 전체적인 역사의 틀을 바라보는 이야기라면, 미시사는 그 안의 인간을 바라보는 이야기이다.

신문을 예로 들어볼까 한다. 지금까지 우리가 배운 역사는 신문 정치면을 중심으로 기록된 것이다. 하지만 신문에는 경제면도 있고, 사회면도 있다. 정치면이라 해도 사건사고를 중심으로 한 '통치의 기록'이 아니라 인물 개개인에게 초점을 맞춰 개인사나 비화를 다룰 수도 있다. 어쩌면 이런 사적인 이야기가 역사 전면에 나와 큰 사건을 해결하는 단초가 될 수 있고, 심지어는 원인을 알려줄 수도 있다. 〈조선미시사〉는 여기에서 시작했다.

당시 사람들은 어떻게 살았을까? 어떤 생각을 했을까? 우리가 교과서에서 배워온 인물들은 딱딱하고 고루하기만 했을까? 역사라는 막을 한 겹 걷어내고 그 안에 살아 숨 쉬는 인간적인 모습을 전하고 싶었다. 역사는 반복된다고 하지 않았는가? 그 말인즉슨 인간은 변하지 않는다는 말의 다름이라 할 수 있다. 과거에 살았던 인간도 현재에 살고 있는 인간도 그 본질은 변하지 않는다. 그렇기에 우리가 역사를 배우는 것이 아닌가? (배웠음에도 똑같이 반복하는 건 어쩔 수 없지만.)

현재를 살아가는 우리의 일상을 과거에 대입해보기 바란다. 그러면 역사가 쉽게 다가올 것이다. 어렵게 생각하지 말자. 역사란 단순하게 보면 사람이 살아온 이야기를 묶어놓은 책이다. 사람이 다른 사람이 살아가는 것에 관심을 가지듯, 지나온 이들의 이야기를 궁금해하는 건 당연하다. 옛날이야기라고 해서 고루하거나 엄격하기만 할 필요는 없다. 그들도 우리와 같은 젊음을 겪었고, 우리와 같은 욕망을 갈구했으며, 우리와 같은 고민을 했다. 한마디로 말해 다 같은 '사람'이었다는 것이다. 거기서부터 시작하면 역사가 좀 더 쉽게 다가올 것이다.

우리가 TV 드라마에 열광하듯이 조선 시대 사람들도 이야기꾼에게 열광했고, 덕분에 조선 후기가 되면 전기수(이야기책을 전문적으로 읽어주던 사람)의 인기가 하늘을 찔렀다. 너무 이야기에 몰입해 전기수를 칼로 찌르는 사건도 있었다. 새해만 되면 새롭게 각오하는 금연 선언도 조선 시대 흔히 볼 수 있는 광경이었다. 지금도 담배의 해악을 말하며 금연과 흡연 사이에서 고민하는 사람들이 많은데, 조선 시대에도 담배를 태울 것인가 끊을 것인가에 대한 갑론을박이 있었다. 사람 사는 모습은 변하지 않는다. 기술이 발전했다지만 본질은 바뀌지 않는 것이다.

중언부언 말이 많았는데 결론은 간단하다. 〈조선미시사〉는 우리 뇌리 속에 박혀 있는 엄격하고 고루한 역사가 아니라, 살아 숨 쉬는 조선 시대 사람들을 찾기 위한 경주다. 커다란 역사가 아니라, 그 안에 살아 숨 쉬는 인간의 이야기를 해보자는 제안을 해준 SERICEO의 조정수 파트장과 불성실한 강사를 끝까지 붙잡아 준 강선민 PD에게 감사의 인사를 전한다. 또한 강연 기간 내내 필자의 외로움을 달래 준 친구 용삼과 장균에게도 고마움을 전한다. 끝으로 이 콘텐츠와 부산 교육청의 동영상 콘텐츠를 함께 정리해 책으로 묶을 수 있도록 해준 출판사에게도 고마움을 전하고 싶다.

2015년 대부도 경기 창작센터에서
이성주

| 차례 |

실록에서 찾아낸
역사의 진짜 주인공

— 정조가 17년간 사랑한 남자, 정약용
— 그는 어떻게 일등공신이 되었나, 원균
— 상소를 가장 많이 올린 벼슬의 달인, 정태화
— 새로운 왕조를 꿈꾼 비운의 혁명가, 정도전
— 역신이 된 조선을 사랑한 스파이, 강홍립
— 북벌의 꿈에 숨겨진 명분은 무엇인가, 효종

정조가 17년간
사랑한 남자,
정약용

"정조는 정약용丁若鏞이 있었기에 정조일 수 있었고, 정약용은 정조가 있었기에 정약용일 수 있었다."

위당 정인보鄭寅普 선생의 말이다. 수어지교水魚之交라고 해야 할까? 조선 시대 많은 왕들에게는 자기의 치세를 함께할 '총신寵臣'이 있었다. 왕 혼자 나라를 다스릴 순 없었기에 자신과 국정철학을 같이하고, 그 철학에 걸맞은 능력을 갖춘 근신, 총신이 필요했다. 왕과 신하들의 궁합이 잘 맞으면 그 시기는 태평성대였고, 그렇지 않으면 나라는 위기에 빠지곤 했다. 그렇기에 왕은 늘 인재를 찾았고, 그 인재를 제대로 키우는 일에 골몰했다.

그중 백미로 꼽히는 왕이 바로 정조다. 정조가 정약용이란 인물을 키우기 위해 공을 들인 17년의 세월은 조선 왕조 5백 년을 통틀어 유례가 없을 정도로 특별했고, 그 성과 역시 탁월했다. 한 명의 인재를 발탁하는 것에서 끝나지 않고 인재의 미래상, 앞으로의 쓸모를 생각해 다양한 경험을 하게 하고 과제를 줘 먼 훗날을 대비한 정조의 인사는 오늘날을 살고 있는 우리에게도 시사하는 바가 크다. 역시 인사는 만사라고 해야 할까?

17년간의 사랑, 그는 내 운명

정조와 정약용의 운명적 만남은 정조 7년(1783년) 세자 책봉을 기념해 열린 증광감시('증광과增廣科'라 하여 나라에 큰 경사가 있을 때 보던 과거 시험)에서 시작된다. 이때 정약용의 얼굴을 본 정조는 그에게 나이를 물었다. 극히 이례적인 일이었다. 대과에 급제해 관리로 임용된 인물도 아니고, 이제 겨우 생원시에 합격한 청년에게 관심을 보인 것이다. 이때 정약용은 운명적인 발언을 한다. 자신이 임오생이라고 말한 것이다. 정조는 멈칫한다. 임오화변(壬午禍變, 영조가 사도세자를 뒤주에 가둬 죽였던 사건)을 떠올릴 수밖에 없었을 것이다. 임오년, 그러니까 1762년은 사도세자가 뒤주에 갇혀 죽은 해다. 이 해에 태어난 사람이 바로 정약용이다. 이때 정조의 나이 서른두 살, 정약용의 나이 스물두 살이었다. 앞으로 펼쳐질 17년 인연의 시작이었다.

정조의 눈은 정확했다. 정약용은 성균관에서 바로 두각을 보였다. 성균관에서 보는 반제(泮製, 조선 시대 성균관과 사학四學 유생들의 학업장려를 위하여 실시하던 시험. 반제라는 말은 성균관 앞 냇가인 '반泮'에서 따온 것)에서 정약용은 여러 차례 합격한다. 그러나 단순히 머리가 좋다고 치세를 함께할 총신으로 낙점했을까? 결정적인 계기가 있었다. 한번은 성균관 유생 전체에게 《중용》에 대한 80여 개 조의 질문을 내린 적이 있었다. 이때 정약용은 퇴계 이황의 학설이 아닌 율곡 이이의 학설에 따라 시험지를 작성한다. 파격 그 자체였다. 지금 시점으로는 이게 왜 파격인지 이해가 안 갈 것이다.

정약용은 남인이다. 남인은 퇴계 이황을 따른다. 퇴계 학파인 것이다. 반면 조선 후기, 정권을 잡고 있던 노론은 율곡 이이를 따랐다. 당시 상식으로 보자면 정약용은 퇴계의 학설에 따라 시험지를 작성해야 했다. 율곡의 학설로 답안지를 작성했다간 어떤 사단이 날지 모르는 상황. 남인 입장에서 보자면 변절자이고 노론 입장에서 보자면 줏대 없이 권력을 좇는 사람으로 비칠 게 뻔했다. 정약용은 이 사실을 누구보다도 잘 알았다. 그런데도 정약용은 '사람을 사랑하기 전에는 인仁이 성립되지 않는다'며 율곡의 주장을 담은 답안지를 제출한다. 당연히 성균관은 발칵 뒤집혔고, 정약용의 행동을 어떻게 봐야 하는지가 논란이 되었다. 그러나 정작 답안지를 작성한 정약용과 그것을 받아 든 정조는 담담했다. 정약용은 소신을 있는 그대로 펼쳤고, 정조는 이 모든 논란을 예상했으면서도 자신의 생각을 당당히 밝힌 정약용을 높이 산다.

보통의 경우라면 이때부터 출셋길을 달렸을 테지만, 정약용은 이후 6년간 출사할 수 없었다. 정조의 총애를 믿고 공부를 게을리했던 걸까? 아니다. 정약용은 누구보다도 열심히 공부했고 그에 비례해

학업 성취도 역시 높았다. 성균관에서 보는 시험에서는 늘 1, 2등을 다퉜으며, 초시에도 여러 번 급제했다. 정조의 마음을 흡족케 하는 답안지를 계속해서 제출했으며, 정조 역시 이런 정약용이 기특했는지 수시로 불러 선물을 건네며 다독이는 걸 잊지 않았다. 그러나 정약용은 6년 동안 네 번이나 대과를 봤지만 합격할 수 없었다. 왜 그랬을까? 정황상 그 이유로 볼 수 있는 것은 당시 조정의 상황이었다. 노론 벽파가 조정을 가득 채운 시기였기에 시험 감독관 역시 당연히 노론 쪽 사람이었다. 그들로서는 임금의 총애를 받는 남인 선비를 뽑을 이유가 전혀 없었다.

계속 대과에서 미끄러지자 정약용도 마음이 상할 수밖에 없었다. 당시 정약용의 마음을 드러낸 시가 있다.

세상 건너기란 술 마시는 일처럼
처음 마실 땐 몇 잔이지만
마시고 나면 쉬이 취하고
취한 뒤엔 마음이 흐릿해져
몽롱하게 일백 병을 기울여
코를 들이박고 계속 마시네
산속엔 홀로 거처할 곳 많아
슬기로운 이는 벌써 찾아갔는데
마음만 간절할 뿐 가지를 못해
공연히 남산 북쪽만 지키고 있네

과거시험을 포기하고 산속으로 들어가고 싶은 마음이지만 남아 있는 미련 때문에 고민하는 마음을 그대로 표현한 시다. 정약용도 사람인데 얼마나 답답했겠는가! 모의고사 때에는 전국 1, 2등을 다 퉜는데 막상 수능 날 답안을 밀려 써 대학에서 떨어진 기분이 이럴 까? 아니, 뻔히 사정이 보이는데 손써볼 뭔가가 없었기에 더 답답했 을 것이다.

재미있는 건 정조의 반응이었다. "평생 초시만 볼 작정인가?"라 며 정약용을 채근한다. 그러나 이건 어디까지나 계산된 행동이었다. 정약용의 일대기를 기술한 《사암연보侯庵年譜》를 보면 이런 사정이 자세히 소개돼 있다.

정조는 대과에 떨어진 정양용에게 "네가 지은 것이 사실은 장원 보다 못지않으나, 다만 아직 때가 이르지 않았기 때문이다"라고 위 로한다. 정약용이 물러나자 승지였던 홍인호洪仁浩에게는 "정아무개 같은 사람은 반드시 재상이 될 것이다"라고도 한다. 홍인호는 정약 용의 6촌 처남 되는 인물이다. 이때 정약용의 나이 스물네 살이었 는데 정조는 이미 그를 크게 쓸 마음이 있었으면서도 일부러 '굴린' 것이다.

시련만큼 사람을 키우는 것도 없다는 걸 정조는 잘 알고 있었다. 하지만 이런 '준비된 시련'의 과정 중에도 정조는 세심한 배려를 잊 지 않았다. 정약용이 반시나 초시에서 좋은 성적을 낼 때마다 정조 는 선물을 하사했는데 그 대부분이 책이었다. 책 읽기를 좋아하는 정약용을 위한 배려이기도 했지만, 앞으로의 쓸모를 위해 많은 책을 읽게 한 것이기도 했다. 그렇게 6년의 세월이 흐르고 정조 13년(1789년), 정조는 드디어 정약용이란 잘 익은 술을 개봉하기로 결심한다. 이해 열린 식년시式年試에 남인의 거두이자 정조의 오른팔이라 할 수 있는 채제공蔡濟恭을 시험 감독관으로 앉힌 것이다. 이미 실력에 대한 검증은 끝났고 시련을 통해 담금질도 충분히 마쳤으니 이제는 그를 활용하고자 했다. 당연히 정약용은 급제한다. 다산의 나이 스물여덟 살이었다. 그리곤 너무도 당연하게 초계문신抄啓文臣으로 발탁된다.

초계문신이란 정조가 탕평의 기치를 내걸고 당색에 물들지 않은 서른일곱 살 이하 당하관급 관료들을 모아 규장각에서 교육과 연구 과정을 밟게 했던 문신들이다. 사가독서제(賜暇讀書制, 조선 시대 젊은 문신들이 임금의 명으로 직무를 쉬면서 글을 읽고 학문을 닦던 제도로 세종 때부터 영조 때까지 운영되었다)의 확대판이라 보면 되는데 그보다 훨씬 힘들었다. 한 달에 구술고사 두 번, 필답고사 한 번을 봐야 했으며 이때 정조는 친히 강론을 하고 직접 채점을 하기도 했다. 말 그대로 엘리트 관료 양성코스이자 정조의 총신, 근신들을 길러내는 '정조 아카데미'였다.

정조의 또 다른 기술

6년이란 시간을 들여 정약용을 담금질했던 정조는 본격적으로 그를 키우기 시작한다. 여기서 눈여겨봐야 할 것이 정조의 세심한 배려다. 치세를 같이할 총신이라면 능력을 키워주는 것도 중요하겠지만 그 마음도 얻어야 한다. 정성을 들인 인재가 배신한다면 왕은 곱절의 타격을 받을 수밖에 없다. 정조는 홍국영洪國榮을 통해 이런 교훈을 얻은바 있다. 그래서 신하의 마음을 얻는 방법으로 세심한 배려와 인간적 유대를 생각했던 것이다.

정약용이 급제해 관직 생활을 처음 시작한 곳은 희릉禧陵이었다. 중종의 계비인 장경왕후의 능인 희릉을 관리하는 희릉직장이라는 관직을 받은 것이다. 중앙 요직이 아니라, 겨우 왕릉 관리인으로 관직을 시작한 것이다. 그러나 여기에는 깊은 뜻이 있었다. 바로 효자였던 정약용에 대한 정조의 배려였던 것이다. 정약용의 아버지 정재원丁載遠도 예전에 희릉에서 참봉 생활을 한 적이 있으니 아버지의 옛 근무처를 둘러보고 대를 이어 왕조에 충성하라는 일종의 이벤트였다. 평생 낮은 벼슬만 전전했던 정재원이었기에 아들인 정약용으로서는 뭉클했던 얼마간이었을 것이다. 또한 자신을 위해 이런 세심한 배려를 아끼지 않는 정조의 마음도 느낄 수 있었다. 당연히 정조에 대한 충성심은 더 높아졌다.

짧았던 희릉 생활 이후부터는 그야말로 초고속 승진의 연속이었다. 요직이라 할 수 있는 예문관부터 시작해 사간원, 홍문관, 승정원 등 중요 관직을 두루 거친다. 심지어 1년만에 3품계나 올라가기도 했다. 이러니 주변의 시기와 질투가 끊이질 않았다. 가뜩이나 남인 출신이라 견제를 받았던데다, 정조의 과도한 총애 덕분에 조금의 틈만 보여도 득달같이 정약용을 내쳐야 한다는 상소가 올라왔다.

이럴 때마다 정조는 정약용의 피신과 교육을 동시에 시킬 방법을 찾았다. 대표적인 경우가 황해도 곡산 부사로 발령을 냈던 일이다. 천주교 신자로 몰려 연일 노론의 공격을 받고 있을 때 정조는 정약용을 곡산으로 보낸다. 잠시 몸을 피하라는 보호의 마음과 지방 행정직도 경험해보게 하려는 의도였다.

여기서 잠깐 재미있는 이야기를 소개할까 한다. 정조는 '완벽한 재상'으로 정약용을 키우고 싶어 했지만 정약용에게도 한 가지 부족한 게 있었다. 바로 군사 분야였다. 일국의 재상이 되려면 당연히 국방 쪽 지식과 경험이 필요하다. 정조는 문무를 겸비하기를 원했기에 규장각 신하들에게 특별히 활쏘기를 강권했는데 20순(巡, 다섯 발을 쏘는 한 바퀴)을 쏠 때마다 각 순마다 한 번 이상의 명중을 요구했다. 즉 백 발을 쏴서 스무 발은 명중시키라는 명령을 내린 것이다. 하지만 정약용은 이 시험에서 늘 꼴찌를 했다.

아울러 정약용은 국방 분야에 있어서도 난색을 보였는데, 성균관 유생 시절 더 내려줄 책이 없을 정도로 많은 책을 상으로 내린 정조는 은근슬쩍 《병학통兵學通》을 하사한 적이 있다. 정조의 명으로 만들어진 이 책은 조선 후기 조선군의 군사훈련 교범이다. 오늘날로 치자면 필드 매뉴얼이라 생각하면 이해가 빠를 것이다. 정약용은 몸 쓰는 것과는 한참 거리가 먼 둔중한 체형이었기에 군사 분야에 있어서만은 영 자신이 없었다. 정조의 이런 커리큘럼이 정약용에게는 늘 부담스러웠다.

그러나 여기서 포기할 정조가 아니었다. 사헌부 지평으로 있을 때 정조는 정약용에게 무과시험 감독관을 보라는 명령을 내린다. 모르는 분야라도 많이 접하면 훗날 나라를 다스리는 데 도움이 될 것이라 판단했기 때문이다. 재미있는 사실은 정약용이 여기서 큰 공을 세웠다. 당시 노론 계열 시험관들은 교묘한 방법으로 지방 출신 무사들을 낙방시키고 노론과 선이 닿은 무사들만 합격시켰다. 이 사실을 확인한 정약용이 왕에게 상소를 올리겠다며 분노하자 시험관들은 부랴부랴 사과하면서 공정한 심사를 했다. 정조로선 노론 세력이 군부 내로 스며드는 걸 차단할 수 있었고, 그사이 정약용에게 군사 관련 지식을 습득하게 했으니 일거양득이라 할 수 있었다.

착실하게 키우고 살뜰하게 활용하다

이렇게 공들여 키운 정약용을 정조는 어떻게 활용했을까? 정약용의 업적 중 역사에 처음으로 등장하는 것이 바로 한강의 배다리다. 정조가 아버지인 사도세자의 능이 있는 화성으로 행차할 때 가장 큰 난관이 됐던 게 바로 한강이었기 때문이다. 폭이 600미터가 넘는 한강을 건너는 건 그 당시로선 커다란 모험이었다. 왕이 탄 용선龍船을 띄운다 하더라도 그 많은 인원을 동시에 나를 수 없었기에 한강 도하는 능행의 처음이자 마지막이라 말할 정도였다. 한강 도하 해결방안을 찾도록 한 것이야말로 정조의 통치 스타일을 단적으로 확인할 수 있는 부분이다.

정조는 처음에는 신하들이 방법론을 찾을 때까지 내버려뒀다.

원행을묘정리의궤 | 가운데가 주교도로 을묘원행 때 설치한 배다리다.

1789년 주교사舟橋司가 설치되고, 《주교절목舟橋節目》을 만들어 정조에게 보고한다. 정조는 그 자리에서 신하들이 올린 《주교절목》의 문제점을 조목조목 지적한다. 그리곤 직접 《주교지남舟橋指南》이란 책을 써서 이 책대로 배다리를 만들도록 한다. 거기에는 주교를 설치하는 데 따르는 기술적인 부분과 배를 동원하는 데 따른 행정적인 부분까지 세세하게 기록돼 있었다. 정조는 이미 자신만의 해결책을 생각하고 있었다. 그렇지 않았다면 신하들이 보고한 《주교절목》을 조목조목 지적할 수 없었을 것이 직접 《주교지남》이란 책을 쓸 수도 없었을 것이다.

정조는 자신만의 기준을 가지고 있었지만 신하들에게 구체적인 업무지시를 내리지는 않았다. 대신 신하들이 생각하고 고민할 시간을 줬다. 의사 결정권자에게 분명 제대로 된 방책이 있었음에도 신하들을 키우기 위해 잠시 시간을 유예했다. 물론 리더가 추진력을 가지고 처음부터 밀고 나갈 수도 있었을 것이다. 그러나 그렇게 되면 모든 사안마다 리더가 직접 현장에 뛰어들어야 한다. 매번 이런 식으로 일을 처리한다는 것은 불가능한 일이다. 설사 가능하다 하더라도 이후 부하들은 리더의 얼굴만 바라보는 꼭두각시가 될 것이다. 정조는 조급해하지 않고 신하들에게 기회를 줬고, 그 기회를 통해 성장할 수 있는 토대를 만들어주었다.

이《주교지남》을 바탕으로 정약용은 1795년 2월 24일 조선 시대 최고의 배다리를 한강에 건설한다. 뒤에 설명할 화성 건설도 마찬가지지만 리더가 명령을 내리고 방법론이 정해졌다고 해서 일이 그대로 진행되는 건 아니다. 실무 책임자가 똑똑하지 않다면 아무리 설계와 준비가 철저하더라도 프로젝트는 성공할 수 없다. 정약용은 배다리 건설에 소요될 배를 80척으로 예상했는데 이를 모두 오강(五江, 한강, 용산, 마포, 서강, 현호)을 오가는 상선들을 징발해 사용했다. 이때 상인들은 서로 배를 바치겠다고 난리를 쳤는데 왜 그랬을까? 정약용은 동원된 배에 못을 박지 않고, 상처를 내지 않으면서도 튼튼한 다리를 만들수 있도록 세심한 주의를 아끼지 않았다. 아울러 이들 상인들에게 배를 빌려준 대가를 확실하게 챙겨줬다. 바로 어물 독점권 폐지였다.

1791년이 신해년이었으므로 이를 신해통공辛亥通共이라 한다. 그러므로써 시전의 금난전권禁亂廛權이 폐지됐는데 덕분에 상업이 더욱 활성화된다. 이때 혜택을 본 이들 중 하나가 경강상인이다. 비용 절감은 물론 기득권을 누리던 시전상인이 아닌 다른 상인들의 지지까지 끌어올린 일거양득의 효과였다.

정조는 정약용을 착실하게 키웠고 살뜰하게 활용했다. 정약용이 조정에 출사한 이후 거의 모든 난제들은 정약용에게 떨어졌고, 정약용은 정조의 기대에 부응하는 놀라운 결과를 만들어냈다.

드림팀 탄생

한 조직의 리더라면 누구나 이런 꿈을 꿀 것이다. 조직 구성원들이 두 손 들고 반대하는 무모한 프로젝트를 고민한다. 실현 가능성은 낮지만 만약 이 프로젝트가 실현된다면 앞으로 10년간 아무 걱정 없는 확실한 캐시카우를 확보한다. 이것이 리더 혼자만의 생각이라면 망상이겠지만 바로 옆에는 경험 많은 임원이 있다. 이 임원은 수십 년간 조직에서 잔뼈가 굵은 백전노장이다. 정치력도 충분하고 경험도 많다. 아울러 반대세력과의 협상 경험도 많은 인물이다. 결정적으로 리더에게 충성을 다한다. 이 백전노장이 앞장서서 반대세력을 설득하고 정치력을 발휘해 큰 잡음 없이 리더의 생각을 정책 방향으로 올려놓는다. 처음엔 반대했던 세력들도 이 백전노장의 설득과 협상에 넘어가 리더에게 전폭적인 지지를 약속한다.

이렇게 조직의 지지와 자원을 확보한 리더는 계획과 자원을 실무 책임자에게 건넨다. 실무 책임자는 리더가 10년 넘게 키운 최고의 인재다. 똑똑할 뿐만 아니라 수많은 현장을 돌면서 쌓은 경험도 있다. 결정적으로 오랜 세월 리더와 함께하면서 리더의 생각과 성격 또한 잘 파악하고 있어서 리더가 원하는 프로젝트를 100퍼센트 이해하고 이를 현실로 구현해낼 능력이 있다. 더군다나 앞의 백전노장처럼 리더에게 충성을 다한다. 리더가 결단을 내리면 백전노장이 나서서 정치적인 부분을 정리한다. 그러면 이 토대를 바탕으로 젊은 실무 책임자가 프로젝트를 진두지휘해 리더가 원하는 성과를 만들어낸다. 정말 이상적이지 않은가? 꿈에서나 볼 수 있는 라인업이다.

이 인적 구성은 2백여 년 전에 실제로 존재했다. 정조, 채제공, 정약용으로 이루어진 드림팀이 바로 그것이다. 정조가 정책 방향을 결정하면 채제공이 나서서 정치적인 부분을 말끔히 정리한다. 그럼 그 뒤를 이어 실무 책임자인 정약용이 등장한다. 그리곤 정조가 구상했던 프로젝트를 현실로 구현해내는 것이다. 말 그대로 드림팀이다.

이 드림팀이 만들어낸 최고의 프로젝트가 바로 수원 화성 건설이다.

화성을 설계하라!

화성 건설은 정조의 아버지 사도세자를 기리고자 하는 뜻이 담겨져 있다. 사도세자의 죽음과 깊이 연관된 노론으로서는 껄끄러울 수밖에 없다. 아울러 정조의 왕권 강화와도 밀접한 연관이 있었는데 정조는 갑자년인 1804년 왕위를 세자에게 넘겨주고 화성으로 내려와 상왕으로서 개혁을 하고자 했다.

왜 하필 갑자년이었을까? 음력으로 1804년 1월 21일은 사도세자 탄생 70주년이 되는 날이며, 새로운 60년이 시작되는 해(갑자년은 60년마다 돌아오는 육십갑자를 여는 첫해이며, 상서로운 해기 때문에 무슨 일을 시작하면 성공하고 일이 잘된다고 믿어왔다)였다. 정조는 아버지 사도세자를 죽인 세력들을 모두 용서하고 새로운 세상을 위한 개혁을 하려 했다. 여기서 중요한 것은 용서란 본래 강자의 몫이란 점이다. 그러기 위해서는 정조의 친위세력과 근거지, 강력한 군권이 필요했다. 이 원대한 프로젝트의 첫 시발점이 화성 축성이다. 당연히 노론 쪽의 반발이 거셌다.

즉위 후 첫 번째 일성에서 "과인은 사도세자의 아들이다"라고 선언한 정조였지만 할아버지 영조의 유언을 정면으로 거부할 수는 없었다. 영조는 죽기 전 "사도세자를 추숭(追崇, 제왕의 자리에 오르지 못하고 죽은 사람에게 제왕의 칭호를 주는 일을 이르던 말)하지 마라"는 유언을 남긴다. 노론은 이를 빌미로 쓸데없는 공역을 벌이면 백성들이 힘들어하고 국가 재정도 축난다며 딴지를 건다. 이때 총대를 멘 이가 채제공이었다. 그러면서 영화나 드라마에서 많이 등장하는 금등지사(金縢之詞, 억울함이나 비밀스러운 일이 있어 후세에 이를 밝혀 진실을 알게 하는 문서)가 등장한다.

금등 가운데 두 구절을 베껴낸 쪽지를 여러 대신들에게 보여주게 하고는("피 묻은 적삼이여 피 묻은 적삼이여, 동桐이여 동이여, 누가 영원토록 금등으로 간수하겠는가, 천추에 나의 품으로 돌아오기를 바라고 바란다") 이르기를, "내가 이덕사李德師와 조재한趙載翰을 사형에 처하게 하던 날 문녀와 김상로金尙魯도 처단했을 것이지만 나는 그때 이미 금등의 글 가운데 들어 있는 선왕의 본의本意를 이해하고 그 뜻을 약간 반영하였던 것이다."

—《조선왕조실록》정조 17년, 1793년 8월 8일의 기록 중 발췌

채제공이 먼저 사도세자 이야기를 꺼내 분위기를 조성하고, 정조가 이를 맞받은 것이다. 금등지사라는 히든카드로 정국의 주도권을 꽉 틀어쥔 정조는 곧바로 화성 축성을 맡을 실무자를 물색하였다. 이때 낙점된 인물이 정약용이다. 겨우 서른 살의 정약용을 발탁한 것은 파격 그 자체였다.

정약용은 이후 1년간 화성의 기본 형태와 규모, 방어시설, 축성 공사와 관련한 공사 방법과 기계 설비 등을 집대성한 《성설城說》을 만들어 정조에게 바친다. 설계도를 만들고 시공법을 연구한 것이다. 이 기간 동안 정조는 구할 수 있는 모든 기술서적을 모아 정약용에게 보낸다. 확실하고도 전폭적인 지원이었다. 이렇게 해서 받아든 《성설》을 보고 정조는 크게 기뻐하며 화성 축성을 시작한다. 이때 명목상 총 책임자는 영의정이었던 채제공이 맡았다. 공사 기간 내내 채제공은 정치적인 외압이나 행정적인 불편사항을 직접 해결했다. 오늘날로 치자면 국무총리가 나서서 정부 청사를 짓는다고

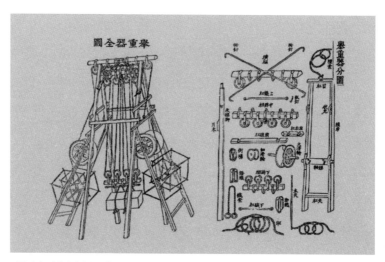

거중기전도 | 《화성성역의궤》에 실린 거중기와 분해도.

해야 할까? 이렇게 해 실무 책임자 정약용은 오로지 화성 축성에만
매달릴 수 있었다. 원래 화성 축성 공역 기간을 10년으로 예상했으
나, 정약용은 이를 34개월 만에 끝낸다. 중간에 흉년 때문에 6개월
간 공사를 중단한 걸 뺀다면 실제 기간은 28개월밖에 걸리지 않았
다. 이때 우리가 익히 들어왔던 거중기란 기계가 등장한다. 테렌즈
가 쓴 《기기도설奇器圖說》에 등장하는 기중기를 개량한 것인데, 당시
조선의 기술로는 구리로 만든 기어장치를 만들 수 없어서 정약용은
대신 도르래의 성능을 극한까지 끌어올린다. 이 거중기는 40근의
힘으로 625배나 되는 2만 5천 근의 돌을 들어 올릴 수 있었는데 이
는 중국의 기중기보다 네 배 더 성능이 좋았다. 정조는 이 거중기와
정약용 덕분에 공사비를 4만 냥이나 줄이고 공사 기간도 처음 예상

했던 10년에서 2년 반으로 단축됐다며 크게 기뻐했다.

정조는 8년간 착실하게 키워온 정약용을 제대로 써먹었다. 아니, 이건 시작에 불과했다. 채제공의 뒤를 이을 재상감이었기에 이런 식으로 실무를 익히게 하고 채제공이 은퇴한 뒤에는 재상으로 임명할 생각이었다. 이후 정약용의 행보가 이를 여실히 증명한다. 정조 20년(1796년) 지금의 청와대 비서실이라 할 수 있는 승정원, 그것도 병조를 담당하는 좌부승지 자리에까지 오른다. 이듬해인 1797년에는 형조의 사무를 관할하는 동부승지가 되고, 그의 나이 서른아홉 살 때 정 3품 당상관 형조 참의에 오른다. 이제 조금만 더 나가면 참판을 거쳐 판서까지 될 수 있는데 정약용은 홀연히 사직 상소를 제출한다.

끝내 나의 하늘은 무너지고 마네

노론 조정 안에서 남인, 그것도 임금의 극진한 총애를 받는 신하로 살기에는 너무 힘든 노릇이었다. 정약용에게는 두 가지 약점이 있었는데 하나는 그가 젊은 시절 서학, 즉 천주교를 접했다는 것이고, 다른 하나는 형 정약전丁若銓이 조정에서 같이 근무하고 있었다는 점이다. 노론세력들은 툭하면 정약용을 중상모략했고 형인 정약전을 괴롭혔다. 정조는 이를 막기 위해 애썼고, 그것조차 힘들 때는 정약용을 외직으로 돌리며 최대한 지키내려 노력했다. 그러나 노론세력들은 끈질기게 서학 전력을 물고 늘어졌다. 정약용이 안 되면

형을 괴롭혔다. 자기 때문에 형이 괴로워하고 정조가 힘들어하는 걸 본 정약용은 더는 버티지 못하고 사직 상소를 올린다. 정조도 어쩔 수 없이 이 사직 상소를 받아든다.

1798년, 정조·정약용과 한 팀을 이루며 팀의 중역 역할을 맡았던 채제공 역시 나이가 팔십 가까이 되어 더 이상 일을 하기가 버겁다며 사직을 청한다. 하지만 나이는 핑계일 뿐 채제공 역시 탄핵받는 분위기였다. 채제공은 조정을 물러나와 이듬해인 1799년 1월 18일 세상을 떠나고, 다음 해인 1800년 6월 28일 정조마저 세상을 뜬다. 그렇게 한 시대가 몰락했다.

정조가 죽고 채 1년도 안 된 1801년 2월 10일, 정약용은 의금부로 압송된다. 18년 유배의 시작이었다. 채제공 역시 죽은 후 시호를 빼앗기고 삭탈관직을 당한다. 정조가 죽은 후 조선의 왕권은 바닥으로 떨어졌고 일부 세도가들의 농단에 놀아나는 세도정치가 시작됐다. 조선이란 나라가 망국의 길로 접어든 것이다.

역사에는 가정이 없지만 만약 정조가 10년만 더 살았다면 영의정 정약용을 볼 수 있었을지도 모를 일이다. 17년을 공들여 키워 이제 제대로 한번 써보려고 하는 찰나에 모든 꿈이 무산돼버린 거다. 서른 살, 겨우 이립의 나이에 화성 축성과 같은 거대한 역사를 완벽하게 조율한 실력이라면 그 장래가 궁금하지 않은가? "이러한 사랑으로부터 다산의 화란이 시작되었다"란 위당 정인보 선생의 말처럼 주변의 질투와 질시가 또 한 명의 천재를 역사 속으로 묻어버린 것 같아 마음 한구석이 무거워진다.

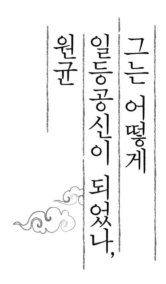

그는 어떻게 일등공신이 되었나, 원균

공신이란 이름의 '보상'

대통령 선거나 총선이 끝나고 나면 매스컴에서는 연일 "○○○은 이번 대통령 선거의 일등공신이다"라는 표현을 쓰며 논공행상에 관한 이야기를 한다. 우리가 흔히 알고 있는 이 공신이란 단어가 한반도에 처음 등장한 것은 고려 태조 왕건이 삼국을 통일한 후 삼한공신이란 작호를 내리면서부터다. 이후 조선이 개국한 이후에는 훨씬 더 빈번하게 공신 책봉이 이뤄진다.

공신功臣은 나라와 왕실에 공을 세운 신하를 의미한다. 조정에 출사한 신하는 나라에 충성을 다하고 임금 앞에 신의를 다하겠다고 맹세하는 것이 기본이었기에 공신에 임명된다는 건 평범한 '충성'이나 '공'이 아니라 좀 더 특별한 공을 세웠음을 의미했다.

이들의 공이 얼마나 특별한지는 각종 포상을 보면 알 수 있는데 일단 공신으로 책봉되면 왕과 함께 공신회맹제功臣會盟祭를 연다. 이때 왕과 공신들은 피의 결속을 다지며 서로 배신하지 않겠다는 맹세를 한다. '삽혈歃血'이라 해서 제물로 바쳐진 동물의 피를 입 옆에 바르며 다짐하는데 이는 회맹제의 핵심이다. 왕조국가에서 왕은 신성불가침의 존재인데 이런 왕이 입가에 피를 묻혀가며 맹세를 할 정도로 챙긴다면 이 신하들이 세운 공이 만만치 않음을 예상할 수 있을 것이다.

일단 공신이 되면 돈, 명예, 권력 모두를 얻는다. 공신록에 이름이 올라가면 왕은 교서를 내리고 입각화상立閣畵像이 만들어져 대대손손 그 명예가 전해진다. 실질적인 포상도 만만치 않았는데 당장 영광스러운 작위와 토지, 노비뿐만 아니라 그 자식들에게는 음서(蔭敍, 고려와 조선 시대, 나라에 공을 세운 신하나 지위가 높은 관리의 자손을 과거를 치르지 아니하고 관리로 채용하던 일)로 관직에 진출할 수 있는 권리도 주어진다. 아울러 형사적 특권도 얻게 되는데 죄를 지어도 감형을 받을 수 있었다. 이 특권은 가족들에게도 유효했다. 단 대역죄의 경우에는 해당 사항이 없었다.

이뿐만이 아니었다. 왕은 공신들과의 유대관계를 강화하기 위해 수시로 공신연功臣宴을 베풀었으며, 이를 통해 공신들은 왕과 개인적인 친분을 유지할 수 있었고, 이 친분을 활용해 국가 요직을 차지했다. 한마디로 공신으로 책봉된다는 것은 조선 사회에서 확고부동한 기득권을 차지한다는 의미였다.

그렇다면 어떤 공을 세워야 이 엄청난 혜택을 얻는 공신의 반열에 올라설 수 있을까? 보통 정권 창출이나 수성守城 아니면 이에 준할 정도의 일을 한 사람에게 수여된다. 조선 왕조 5백 년 동안 28회, 1천여 명의 공신이 책봉되었는데 그 상당 부분이 권력 유지와 연관되어 있다.

대한민국 같은 민주주의 체제에서는 '선거'란 선출방식이 있기에 합법적인 틀거리 내에서 정권을 창출하거나 탈환할 수 있다. 문제는 조선이 왕조국가란 점이다. 왕의 자연수명이 곧 정권의 수명이고, 왕의 사후 후계자인 세자가 뒤를 이어 정권을 계승했다. 이는 뭘 의미하는가? 그렇다, 왕조국가 시스템에서 정권 창출이나 이에 준하는 상황은 국가 비상사태를 의미한다.

그렇다면 27대 조선 왕조 임금 중에서 가장 많이 공신을 책봉한 인물은 누굴까? 정답은 재위 기간 15년 1개월 동안 네 차례, 총 166명의 공신을 책봉한 광해군이 당당히 1등을 차지했지만, 인조반정 이후 모두 무효가 됐다. 그저 명목상 1위라고 해야 할까? 그렇다면 실질적으로 가장 많은 공신을 배출한 왕은 누굴까? 바로 광해군의 아버지 선조다.

선조는 전시와 평시를 가리지 않고 두루두루, 조선 최초이자 최후로 '전쟁 영웅'을 대상으로 유일하게 정권의 안위와는 상관없이 공신 책봉을 했다. 재위 기간 40년 7개월 동안 다섯 차례, 총 150명이라는 양과 질 모두에서 어마어마한 기록을 세운다. 광해군을 포함해도 2위가 되는 인원수에 다섯 차례나 임명한, 조선 역사상 전

무후무한 기록의 소유자다. 달리 말하자면 선조가 치세하는 기간이 그만큼 어지러웠다는 방증이기도 하다.

그럼 이 150명의 공신에게는 어떤 공적이 있었을까?

먼저 명나라의 법령책이라 할 수 있는 《대명회전大明會典》에 태조 이성계李成桂의 아버지가 이인임李仁任이라 적혀 있었던 걸 이자춘李子春으로 고쳐냈다고 책봉된 것이 바로 광국공신光國功臣이다. 언뜻 들으면 별거 아닌 것처럼 보이겠지만, 조선 개국 후 2백여 년간 조선 외교사에서 가장 큰 쟁점이 됐던 문제였다.

정여립鄭汝立의 난을 수습한 공을 인정해 책봉한 것이 평난공신平難功臣이다. 이는 공신 책봉의 전형적인 사례다. 정여립의 난은 지금도 그 진위가 제대로 가려지지 않았지만, 조선 시대 왕들의 치세 기간 동안 최소 한 번 이상의 역모 옥사가 있었다고 하면 이해할 수 있을 것이다.

여기서 주목해야 할 것이 임진왜란 국난극복에 공이 있어 책봉된 호성공신扈聖功臣 86명, 선무공신宣武功臣 18명, 청난공신淸難功臣 5명이다. 청난공신(선조 37년 충청도에서 일어난 난을 평정한 공으로 내린 것)의 경우에는 왜군과의 교전이 아니라 백성들의 반란이었기에 직접적인 국난극복의 공이라고 보기 어렵다. 결국 임진왜란을 극복한 전쟁영웅들에게 내려진 공신 책봉은 호성공신과 선무공신만이다. 우리가 잘 알고 있는 민족의 영웅 이순신李舜臣 장군도 그 공을 인정받아 선무공신에 1등으로 녹훈錄勳되었다. 여기서 재미난 사실은 원균元均도 이순신 장군과 동급인 선무 1등 공신이라는 것이다. 이유가 뭘까?

원균이 이순신 장군과 같은 공적을 올렸던 것일까?

"이번의 적변賊變은 전에 없던 변고로서 이는 변변찮은 나로 말미암은 소치다. 그런데 중국 조정에서 군사를 동원하여 적을 몰아내고 강토를 회복했으니 이 또한 옛날에 없던 공적이다. 이것은 호종扈從했던 여러 신하들이 충성스러웠던 덕분이니, 어찌 다른 사람들이 한 일이겠는가. 또 힘껏 싸운 장사將士들에 대해서는 그 공을 기록하지 않을 수 없겠으나 우리나라 장졸에 있어서는 실제로 적을 물리친 공로가 없다."

—《조선왕조실록》 선조 35년, 1602년 7월 23일의 기록 중 발췌

임진왜란 직후 논공행상을 논의하던 도중 선조가 했던 말이다. 다시 말해 명나라의 천병天兵이 도와줘 임진왜란을 극복했는데 이 천병을 데려온 것이 선조와 선조를 호종했던 신하라는 논리다. 왜군과 싸운 조선 장수의 공은 없다는 실로 아전인수 격인 해석이다. 당시 조정 분위기를 단적으로 보여주는 또 다른 기록이 있다.

"적을 물리치고 나라를 회복한 공로는 모두 성상께서 지성으로 사대事 大하시어 중국 조정에서 곡진하게 구제해준 결과일 뿐입니다."

—《조선왕조실록》 선조 35년, 1602년 7월 23일의 기록 중 발췌

같은 날 대신들이 선조에게 했던 말이다. 선조와 선조 주변의 근신들은 전쟁 영웅들에게 콤플렉스가 있었다. 아니, 콕 찍어 말하자

면 선조의 콤플렉스였다. 이를 설명하기 전에 선조가 내뱉은 '우리나라 장졸에 있어서는 실제로 적을 물리친 공로가 없다'란 말의 진의를 가려야 한다. 객관적인 전투 상황만 설명하겠다.

임진왜란 7년의 기간 동안 기록으로 채집된 단위 전투 105회 가운데 조선 관군 단독 또는 의병이 참여한 전투가 87회, 의병 단독 또는 관군이 참여한 전투가 18회였고, 명군의 전투는 고작 8회뿐이었는데 그나마도 모두 조선 관군과의 연합작전이었다. 그것도 평양성 탈환작전과 정유재란 최후의 공격전을 제외하고는 매우 소극적인 전투였다. 105회의 전황을 분석해보면 조선군의 공격으로 시작된 전투가 68회였다. 이것만 봐도 조선군이 매우 공격적이었음을 확인할 수 있다. 승패 또한 조선군 측 승리가 65회, 패배 40회로 전쟁 기간 동안 개전 초 1년을 제외하고는 조선군이 일본군을 압박하던 상황이었다.

그렇다면 선조가 그렇게 칭찬해 마지않았던 명나라 천병의 실상은 어떠했을까?

"왜군은 얼레빗이요, 명나라군은 참빗이다"란 말이 백성들 사이에서 널리 퍼졌다. 임진왜란 당시 명군의 수탈은 왜군을 훨씬 능가했는데 왜군들은 전쟁 상황이었기에 수탈 자체에 상당한 제약이 있었고 시간도 촉박했지만, 명군은 "천병이 궁벽한 번국(蕃國, 오랑캐의 나라, 제후국)을 도와주러 왔는데 대접이 시원찮다"며 곧잘 민가를 수탈하였고, 조선 조정은 싸우지도 않는 수만의 명나라 병사들을 먹이기 위해 군량미를 대기 바빴다. 아니, 그냥 밥만 축내고 있었으면 다행이건만 나중에 가면 할지론割地論이라 해서 조선 조정이 반대하는 가운데서도 조선을 양분하자는 일본의 주장에 동조까지 한다. 원병이 아니라 원수였다.

임진왜란은 선조의 주장처럼 명나라의 참전 때문이 아니라 이순신과 수많은 의병 덕분에 승리한 전쟁이었다. 이 부분에 대해서는 추가 설명을 하고자 한다. 당시 일본의 기본전략은 수륙병진水陸竝進이었다. 일본 육군이 한양을 함락하고 평양성까지 치고 올라가면 일본 수군이 남해를 지나 서해를 통해 보급품과 보충병을 수송해주는 전략이었다. 그러나 이 전략은 바닷길이 이순신에 의해 막히면서 어그러진다. 일본은 궁여지책으로 육로수송을 선택하는데 이때 전국 각지에서 의병들이 들고일어난다. 결국 일본군은 육로수송조차 어렵게 된다. 당시 일본군은 부산에서 서울로 올라가기 위해 기본 800명 이상의 대단위 병력이 아니면 그 안전을 보장할 수 없는 지경에 이른다. 그 이하는 각지에 산재해 있던 의병들의 만만한 먹잇감이 됐기 때문이다. 일본군에게는 지옥문이 열린 것이다.

고니시 유키나가小西行長의 제1군이 평양 점령 이후 더 이상 전진할 수 없었던 이유가 바로 여기에 있었다. 평양성까지 진격한 고니시는 일본 본토에서의 증원군을 기다리고 있었다. 일본은 조선에 1군부터 9군까지 총 15만 8,700명을 투입했는데 초반 전투와 점령지 유지를 위해 병력이 분산돼 이미 소진된 상태였다. 평양성까지 진출한 일본군은 규슈의 나고야 전진기지에 대기하고 있던 조선 침공군 2진이었던 제10군부터 16군까지의 예비병력 11만 8,300명을 증원받아 명나라까지 진격할 예정이었으나, 남해안에서 이순신 장군이 그 수송로를 끊어버린 것이다. 결국 일본군은 이 예비병력을 부산으로 보낼 수밖에 없었고, 이들이 평양성으로 향하는 길목을 의병들이 공격하면서 일본의 전략은 어그러진다.

선조의 주장이 얼마나 허황된 것인지 확인할 수 있는 대목이다. 그렇다면 선조는 어째서 이런 주장을 했던 것일까? 이는 자신의 콤플렉스와 당시 상황 때문이었다.

백성을 버린 임금

선조는 조선 왕조 최초로 방계승통傍系承統을 했다. 적통으로 왕위를 이은 게 아니라 방계로 왕위를 이었기에 정통성 콤플렉스에 시달려야 했다. 이런 와중에 외적이 침범했으니 왕권은 땅에 떨어진다. 아니, 스스로 왕권을 포기하는 모습까지 보였다.

신립申砬이 탄금대 전투에서 패배하자 선조는 왕으로서 최소한의 권위도 포기하고 몽진(蒙塵, 머리에 먼지를 쓴다는 뜻으로, 임금이 난리를 피하여 안전한 곳으로 감을 비유적으로 이르는 말) 길에 오른다. 여기서 그는 큰 실수를 하는데 한성을 방어하겠다는 의지를 내보이고는 백성들 몰래 빠져나간 것이다.

한 나라의 임금이란 곧 만백성의 어버이다. 부모가 자식을 버리고 그것도 몰래 도망갔으니 백성들의 심정이 어떠했겠는가? 백성들은 들고일어났고, 이미 망조가 들었다고 판단한 신하들은 선조를 버리고 제 살길을 찾아 도망친다. 방계승통이라는 가뜩이나 취약한 정통성에 '백성을 버린 임금'이라는 꼬리표까지 붙었으니, 왕의 권위는 그야말로 땅에 떨어지게 된다. 문제는 선조 입장에서 이 땅에 떨어진 권위를 챙겨 들 사이도 없이 누군가가 밟아 뭉개기 시작했다는 것이다. 바로 아들인 광해군과 전쟁 영웅들이다.

임진왜란 발발과 함께 급하게 세자 자리에 오른 광해군은 당시 분조(分朝, 전시 행정부의 불상사를 대비해 조정의 반을 쪼개 지휘하게 했다)를 이끌고 맹활약을 한다. 민심은 자연 광해군에게 쏠렸고, 명나라 조정에서까지 왕위를 광해군에게 양위하라는 말이 나온다. 여기에 이순신을 필두로 한 조선 수군의 활약과 팔도에서 들고일어난 의병장들의 분전은 가뜩이나 좁은 선조의 정치적 입지를 더욱 위축시킨다. 상황이 이런데도 선조는 명나라로 망명을 가겠다는 요동내부책遼東內附策 따위나 말하고 있으니 민심과 조정 대신들의 마음이 떠나는 것은 당연했다.

이순신 장군의 위대함은 이미 널리 알려져 있기에 따로 부연설명을 하는 건 의미가 없지만, 활약에 대해서는 언급할 필요가 있을 것 같다. 삼도수군통제사 자리에 오르자 이순신 장군은 조선 수군의 전력 증강에 몰두한다. 당시 조선 수군의 전력은 전함 143척에 수병 2만 3천 명이었으나, 이는 어디까지나 서류상의 숫자일 뿐 실제로 움직일 수 있는 전함은 105척 내외였다. 이를 250척으로 증강시킬 계획을 세우고 실천했던 이가 바로 이순신 장군이다. 아무리 무적의 이순신 장군이라지만 1천여 척에 달하는 일본 수군이 부담스러웠을 것이다.

이순신 장군은 중앙 정부로부터 아무런 지원을 받지 못했다. 아니, 지원은 안 해줘도 좋으니 제발 빼앗아가지만 않았으면 좋겠다는 것이 이순신 장군의 심정이었을 것이다. 선조와 전시 행정부는 툭하면 이순신 장군에게 공물을 요구했다. 말린 홍합이나 미역 같은 식료품은 기본이고, 종이와 노획한 조총에 심지어 병력까지 빼앗아갔다. 전라도 지방의 장정들은 이미 대부분 육군으로 징병되어 나갔기 때문에 수군으로 충당할 병력이 없었다. 이순신 장군에겐 육군이 다 쓸어가 버린 후 남은 장졸과 자원만이 주어졌다. 하지만 이 상황에서도 아무런 불평불만 없이 병력을 훈련시켰고, 식량과 무기를 생산했으며, 심지어 이 중 일부를 중앙에 바쳐가며 전투를 벌였다.

이렇게 피땀 흘려 한산도 통제영을 만들었다. 이순신 장군은 왜군의 수륙병진 전략을 꿰뚫어보고는 바다에서의 승리가 곧 임진왜란의 승리를 가져올 것으로 판단하였다. 그리고 남해 제해권 확보를 위한 기본적인 전략으로 출항통제出港統制와 협수로통제狹水路統制를 내놓는다.

출항통제는 일본의 소함대나 본진에서 떨어진 미아함대 등을 공격해 격침시키는, 가랑비에 옷 적시기 전술이라 볼 수 있다. 반면 협수로통제는 말 그대로 임진란 자체의 운명을 바꿔버린 필승의 계책이었다. 좁은 수로의 전략적 요충지를 모두 막아버려 왜군의 서해 진출을 원천적으로 봉쇄, 고사시켜버리면 왜군이 육지에서 힘을 못 쓰고 종국에는 패할 것이란 단순하면서도 확실한 전략이었다. 이런 전략적 판단을 내린 다음 한산도에 통제영을 설치하고 3년 7개월 동안 둔치고 있었다. 이 기간 동안 이순신 장군은 단순히 왜적을 경계하고 전투만 했던 게 아니라 병사들을 훈련시키고 둔전屯田을 통해 군량미 9,914섬, 초전법으로 양산해낸 화약 4천 근과 3백 문의 화포를 생산한다. 이에 더해 46척의 신규 전함을 건조해 조선 수군의 함대 규모를 189척으로 늘렸다. 이 모든 걸 단 하룻밤 사이에 말아먹은 이가 바로 원균이었다.

선조의 질투 그리고 질투의 희생양

이순신 장군은 영웅이었다. 또한 전국 각지에서 떨쳐 일어난 의병장들과 아버지를 대신해 조선을 이끈 광해군 역시 영웅이었다. 조선의 백성들은 그렇게 생각했으나 단 한 명 선조만은 달랐다.

광해군의 활약이 이어지자 명나라 조정에서마저 선위(禪位, 왕위를 넘겨줌)를 언급한다. 상황이 이렇게 돌아가자 선조는 왕위를 지키기 위해 비장의 카드를 뽑아드는데 바로 선위 파동이다. 전제왕조 국가에서 선위란 말은 금칙어나 다름없었다. 살아 있는 권력인 왕과 미래의 권력인 세자. 여기서 자칫 잘못 처신했다가는 세자의 목숨도 장담할 수 없는 상황이었기에 대신들과 세자는 고개를 숙일 수밖에 없었다. 평시에도 선위 파동이 일어나면 조정의 모든 정사가 정지되는 상황이었는데 선조는 전시 행정부에서 무려 열다섯 차례나 선위 파동을 일으켜 조정을 멈춰 세웠다. 세자였던 광해군은 전쟁

터를 뛰어다니다가도 선조가 선위 교서를 내리면 달려가 머리를 풀고 석고대죄를 했고, 신하들도 모든 업무를 중단하고 선위는 부당하다며 무릎을 꿇고 빌어야 했다. 참 졸렬한 짓이었다. 그러나 이는 시작일 뿐이었다. 선조는 한양으로 환도還都하고 나서 본격적으로 '영웅 죽이기'에 들어간다. 그 시범케이스가 의병장으로는 김덕령金德齡이었고, 관군으로는 이순신이었다.

"김덕령이 죽고 난 후 여러 장수들이 저마다 스스로 제 몸을 보전하지 못할까 걱정하였다. 곽재우郭再祐는 마침내 군사를 해산하고 산속에 숨어 화를 모면했으며, 이순신도 바야흐로 전쟁 중에 갑주甲冑를 벗고 앞장서 나섬으로써 스스로 탄환에 맞아 죽었다. 호남과 영남 등지에서는 부자 형제들이 서로 의병이 되지 말라고 경계하였다."

숙종 대의 문신이었던 이민서李敏敍가 주장한 내용이다. 당시 김덕령은 반란을 일으킨 이몽학李夢鶴과 내통했다는 혐의로 국문을 당했는데 선조가 직접 진두지휘해 김덕령의 팔다리를 모두 부러뜨리고 국문 20여 일 만에 고문 후유증으로 죽게 한다. 효과는 즉각적이었다. 의병들이나 이순신 장군 같은 전쟁 영웅들은 정유재란 말엽부터 몸을 사리고 납작 엎드리게 된다. 홍의장군 곽재우는 의병을 해산했고, 육전의 영웅인 권율權慄 장군은 아침저녁으로 장계를 띄워 선조에게 충성을 맹세했다. 그리고 마침내 선조의 칼날이 이순신에게로 향한다.

선조에게는 이순신의 대타가 있었으니 바로 원균이었다. 여기서 원균의 실력과 성품을 논하진 않겠다. 역사적으로 확인할 수 있는 객관적 사실만 가지고 이순신 장군의 삼도수군통제사 파직에 관한 사건을 정리해보겠다.

평소 가토 기요마사加藤淸正와 사이가 좋지 않았던 고니시 유키나가가 간첩 요시라要時羅를 통해 경상우병사 김응서金景瑞에게 정보를 흘린다. 가토가 바다를 건너온다니 치라는 내용이었다. 권율은 이를 조정에 보고하고 한산도에 명령을 내렸다. 아니, 이건 중요치 않다(당시 상황으로는 함대를 움직일 전략적 여지가 전혀 없었다). 우리가 알아야 할 것은 당시 한산도에 둔치고 있었던 조선 수군과 일본군의 상황이다. 한산도대첩 이후 일본군은 납작 엎드린 채 해안가에 왜성을 쌓았다. 해전으로는 상대할 수 없으니 왜성을 쌓아 올려 조선 수군을 견제했던 것이다. 한산도에 통제영을 세운 이순신 장군의 의도도 확인해야 했고 먼 바다로 돌아오는 왜군을 알아보기에도 쉬웠기 때문이다. 당시 조선 수군과 왜군은 서로 노려보며 대치 중이었다. 왜군이 함대를 이끌고 진출했다간 이순신 함대에 격파당할 것이고, 반대로 이순신 장군이 함대를 이끌고 부산포로 진격했다가는 역습 당했을 것이다. 한산도대첩 이후 조선 수군과 일본 수군은 한산도를 사이에 두고 팽팽한 긴장감 속에서 서로 노려만 보고 있었다. 먼저 움직이는 쪽이 압도적으로 불리한 상황. 오늘날 한반도를 가로지른 휴전선의 남북대치 상황을 생각하면 될 것이다. 한마디로 말해 전략적으로 수군이 움직인다는 건 무리였고, 이순신 장군은 이 사실

에도시대 후기 도요토미 히데요시의 일생을 그린 《회본태합기繪本太閤記》(1919년본, 에혼타이코키)에 나오는 칠천량해전.

을 누구보다도 잘 알고 있었다.

어찌 됐든 결국 가토를 놓쳤는데 이때까지만 해도 조정에서도 상황을 이해하는 분위기였다. 그러나 우호적인 분위기는 오래가지 못했다. 원균이 장계를 올린 것이다. 자기라면 잡을 수 있었다는 내용이었다. 이를 본 선조는 하늘이 준 기회라 생각하고, 가토를 놓친건 자신을 능멸한 행위라며 화를 낸다. 그 뒤는 일사천리로 일이 진행되었다. 사헌부의 탄핵이 이어지고, 이틀 뒤 이순신은 삼도수군통제사에서 파직돼 도성으로 압송된다. 그리고 그 자리에 원균이 앉게 된다. 조선 수군의 비극이 시작된 것이다.

자기라면 부산포로 쳐들어가 왜군을 몰아낼 수 있다며 호언장담했던 원균이었기에 권율은 부산포로 진군하라며 원균을 압박한다.

심지어는 못 가겠다고 버티는 원균에게 곤장을 치기까지 한다. 말로는 일본 본토까지 짓쳐 들어갈 기세였지만, 막상 삼도수군통제사 자리에 오르고 보니 이순신 장군이 움직이지 않은 이유를 알게 된 것이다. 그러나 권율과 조정의 압박, 이순신과의 차별점을 부각시켜야 한다는 조급함 등이 맞물리면서 원균은 마침내 부산포로 진출하고 만다. 조선 수군 최대의 비극이었던 칠천량해전漆川梁海戰의 시작이었다.

칠천량해전 패전의 원인은 지휘관의 역량 차이에 있었다. 원균은 지휘부를 아직 완전히 장악하지 못했고, 판단도 한심한 수준이었다. 아군 함대 사이를 일본 수군이 휘젓고 다녀도 감지조차 못했으며, 전력 면에서 압도적인 우위에 있었음에도 해전을 포기하고 육지에서 싸우자는 상식 이하의 판단을 내리더니 결국 원균은 전사, 아니 사망하고 조선 수군은 제대로 응전 한번 못 해보고 봄눈 녹듯 사라졌다. 이때 선조는 어떤 반응을 보였을까?

"한산을 고수하여 호표虎豹가 버티고 있는 듯한 형세를 만들었어야 했는데도 반드시 출병을 독촉하여 이와 같은 패배를 초래하게 하였으니 이는 사람이 한 일이 아니고 실로 하늘이 그렇게 만든 것이다. 말해도 소용이 없지만 어찌 어쩔 수 없는 일이라고 방치한 채 아무런 대책도 세우지 않을 수 있겠는가. 남은 배만이라도 수습하여 양호兩湖 지방을 방수防守해야 한다."

—《조선왕조실록》 선조 30년, 1597년 7월 22일 기록 중 발췌

'이는 사람이 한 일이 아니고 실로 하늘이 그렇게 만든 것이다' 라니 이게 한 나라의 임금으로서 할 소리인가? 자기가 쳐들어가라고 등 떠밀고 이제 와 사람이 한 일이 아니라면 누가 한 짓이란 말인가? 이후의 역사는 우리가 기억하는 것과 같다. 어쩔 수 없이 이순신 장군을 복귀시킨 후 선조는 수군을 해체하고 권율 휘하의 육군으로 들어가라고 하지만 이순신 장군은 "상유십이척 미신불사(尚有十二隻 微臣不死, 신에게는 아직 12척의 배가 있고 미천한 신도 살아 있습니다)"란 유명한 말을 남긴다. 그리곤 명량에서 133척의 왜선을 격파한다. 이순신은 영웅을 넘어 신장神將으로 등극했고 선조의 의심과 두려움은 더욱 커졌다.

원균의 칠천량해전 패배 때에는 '이는 사람이 한 일이 아니고 실로 하늘이 그렇게 만든 것이다'라며 한탄하던 선조였건만 도저히 불가능할 것 같은 명량에서의 승리 앞에서는 냉담한 표정을 짓는다. 신하들이 이순신 장군의 공을 치하하고 포상해야 한다고 했지만, '작은 공'이라며 명량해전의 승리를 깎아내렸다.

선조의 질투와 경계심은 증폭되었다. 이런 상황에서 전쟁이 끝났다면 이순신 장군의 운명은 어찌 됐을까? 지금까지도 이순신 장군의 자살설, 은둔설이 나오는 이유가 바로 여기에 있다. 노량해전에서의 전사는 너무도 완벽한 타이밍이었다. 세상이 허용하는 영웅은 죽은 영웅뿐이라고 했던가? 위협이 되는 전쟁 영웅들이 다 제거되자 선조는 자신을 포장하기에 나선다.

영웅은 죽어야만 영웅 대접을 받는다

선조는 임진왜란 극복의 중심에 자신이 있었음을 알리고 싶었다. 그래야지만 실추된 권위를 세울 수 있었기 때문이다. 그러기 위해서는 전쟁 영웅들의 업적을 깎아내리고 자신이 불러들였던 명나라 천병의 공적을 올려야 했다. 이런 정치적 의미가 담긴 것이 호성공신扈聖功臣과 선무공신宣武功臣 책봉이었다. 86명이라는 이해가 안 갈 정도로 많은 호성공신 숫자와 18명이라는 이해할 수 없을 정도로 적은 선무공신 숫자의 비밀이 여기에 있다.

호성공신의 면면을 살펴보면 과연 이들이 임진왜란 극복에 어떤 도움을 줬는지 이해가 안 가는 인물들이 많다. 물론 명나라로 들어

순신역전舜臣力戰 | 광해군 대에 편찬된 《동국신속삼강행실도》에 실린 이순신 장군의 순국 장면.

가 명나라 병부상서 석성石星에게 눈물로 읍소, 명군의 참전을 이끌어낸 정곤수鄭崐壽와 같은 이들의 공은 인정해야겠지만, 단순히 선조를 따라다녔다는 이유로 공신에 오른 자격 미달자들이 훨씬 많았다.

86명의 호성공신 중 내시가 24명, 마의가 6명, 의관이 2명(여기엔 허준도 포함됐다), 별좌사알(別坐司謁, 임금의 명을 전달하던 잡직)이 2명, 파천 중 사망한 왕자 신성군도 포함돼 있었다. 이 정도면 공신이라는 칭호가 부끄러울 정도다.

반면 왜군과 최전선에서 싸운 선무공신 책봉에는 인색하기 그지 없었다.

1등 공신 - 이순신, 권율, 원균

2등 공신 - 신점, 권응수, 김시민, 이정암, 이억기

3등 공신 - 정기원, 권협, 유충원, 고언백, 이광악, 조경, 권준, 이순신(충무공 이순신 장군 휘하의 동명이인), 기효근, 이운룡

1등 3명, 2등 5명, 3등 10명 해서 총 18명이다. 뭔가 허전하지 않은가? 홍의장군 곽재우를 비롯한 의병장들이 눈에 띄지 않는다. 여기에서 두 가지 숨겨진 의도를 확인할 수 있다. 첫 번째는 임진왜란 3대첩 참가자에 한정했다는 것이고, 두 번째는 죽은 사람에게만 주어졌다는 점이다. 한산대첩의 영웅인 이순신, 행주대첩의 영웅 권율, 진주대첩의 영웅 김시민金時敏 그리고 나머지 제장들. 선조의 의도

가 손에 잡힐 듯 보이지 않는가?

영웅은 죽어야만 영웅 대접을 받는다 했던가? 선조의 정치적 의도는 이뿐만이 아니었다. 그것은 바로 선무 1등 공신으로 올라간 원균에서 엿볼 수 있다. 이순신 장군이 3년 7개월간 공들여 키운 조선 수군을 단 하룻밤 사이에 말아먹은 원균이 이순신 장군과 나란히 1등 공신 자리에 오른 이유는 무엇인가?

"원균을 2등에 녹공해놓았다마는, 적변이 발생했던 초기에 원균이 이순신에게 구원해주기를 청했던 것이지 이순신이 자진해서 간 것이 아니었다. 왜적을 토벌할 적에 원균이 죽기로 결심하고서 매양 선봉이 되어 먼저 올라가 용맹을 떨쳤다. 승전하고 노획한 공이 이순신과 같았는데, 그 노획한 적괴賊魁와 누선樓船을 도리어 이순신에게 빼앗긴 것이다. (중략) 나는 원균이 지혜와 용기를 구비한 사람이라고 여겨왔는데, 애석하게도 그의 운명이 시기와 어긋나서 공도 이루지 못하고 일도 실패하여 그의 역량이 밝혀지지 못하고 말았다. 전번에 영상이 남쪽에 내려갈 때 잠시 원균을 민망하게 여기는 뜻을 가졌었는데, 영상이 기억하고 있는지 모르겠다. 오늘날 공로를 논하는 마당에 도리어 2등에 두었으니 어찌 원통하지 않겠는가. 원균은 지하에서도 눈을 감지 못할 것이다."

—《조선왕조실록》선조 36년, 1603년 6월 26일 기록 중 발췌

이순신을 삼도수군통제사 자리에서 끌어내리고 그 자리에 원균을 앉힌 실수를 변명하기 위해 선조는 원균을 이순신과 같은 반열

에 올린 것이다. 문제는 원균의 공이 이순신에 미치지 못한다는 사실을 만회하기 위해 이순신을 깎아내리는 주장을 했다는 점이다. 용렬한 군주는 마지막까지 뒤끝을 보여줬다. 선조가 임금이 아니었다면 임진왜란은 일어나지 않았을 수도 있고, 설사 일어났다 하더라도 7년이 아니라 훨씬 짧은 기간 안에 끝났을 수도 있었다. 우리 민족에게는 비극이었지만 덕분에 원균은 선무 1등 공신이 되는 영광을 얻는다.

서는 데가 다르면 풍경도 달라진다는 말이 있다. 사람이 어느 곳에 서서 바라보는지에 따라 세상은 달리 보이는 것이다. 공신을 바라보는 입장도 그렇다.

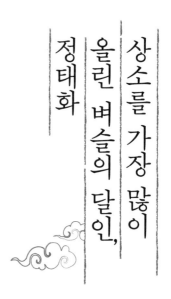

상소를 가장 많이
올린 벼슬의 달인,
정태화

조선은 겉으로 보기에는 왕이 다스리는 왕조국가였다. 왕조국가라 하면 왕의 말 한마디에 모든 게 결정되는 절대왕권의 나라라 생각하겠지만 그 껍데기를 살짝 벗겨내면 군약신강(君弱臣强, 왕의 힘은 약하고 신하의 힘은 강하다), 군신공치(君臣共治, 왕과 신하가 나라를 같이 다스린다)의 나라라 할 수 있다. 오죽하면 중국 황제가 자신이 보살피지 않으면 조선의 왕은 언제 뒤바뀔지 모른다는 말을 했을까?

이런 조선에서 정승의 자리는 어떠했을까? 일인지하 만인지상一人之下 萬人之上의 자리이므로 왕 다음으로 높은 자리가 아닌가? 하물며 군약신강의 조선에서는 왕도 함부로 할 수 없는 자리다.

그런데 조선 역사상 가장 많은 사직 상소를 낸 사람이 정승 자리에 올랐던 이라면 믿어지겠는가? 보통 사람은 사표 한 번 쓰려 해도 벌벌 떠는 마당에 무려 37번의 사직 상소를 쓴 사람! 그가 바로 영의정 정태화鄭太和다.

엘리트인가 처세의 달인인가?

이력서만 보면 조선 최고의 엘리트 코스는 다 밟았다는 느낌이 든다. 인조 2년(1624년) 별시 문과에 합격하여 승문원정자로 벼슬살이를 시작한 정태화는 이후 홍문관, 사간원의 청요직(淸要職, 사헌부, 사간원, 홍문관 등 관리들을 감찰하거나 임금에게 직언을 올리는 언관들을 일컫는데 조선 시대 엘리트 관료들의 코스였다)을 두루 거친 다음, 세자 시강원에 들어가 세자를 가르쳤고, 다시 행정부로 나와서는 예조좌랑, 이조좌랑, 이조정랑(당쟁의 원인이 이 이조정랑 자리 때문이란 말이 나올 정도의 요직이었다. 품계는 그리 높지 않지만 인사 실무권자나 마찬가지여서 이들을 임명하는 데는 이조판서도 관여할 수 없었다. 보통 이조정랑에 오른 사람이라면 특별한 잘못이 없다면 영의정까지 승차하는 게 관례였다), 의정부사인 등 행정부 요직을 맡았다.

이렇게만 보면 책상물림에 붓만 놀리는 책방 서생 같다는 느낌이지만, 병자호란이 터졌을 때는 황해도의 여러 산성에서 패잔병을 규합해 항전하는 당찬 모습도 보여줬다(당시 도원수 김자점金自點 밑에서 종사관으로 근무했다).

병자호란이 끝나고 나서는 소현세자를 수행해 심양으로 향했고, 귀국 후에는 당상관에 올라 승정원 동부승지가 되었다. 그 뒤 육조의 참판, 판서, 대사헌 한성부윤, 대사간, 도승지, 평안도와 경상도 관찰사 등 중앙과 지방 요직을 두루 거치며 착실한 경력 관리에 들어갔고 마침내 그의 나이 마흔여덟이 되는 1649년 우의정 자리에 오른다.

당시 정태화에 대한 평가를 보면 요직을 맡게 된 이유를 알 수 있다.

"조정의 의논이 자주 번복되어 여러 차례 위기를 맞았으나 그의 영현榮顯은 바뀌지 않았으니, 세상에서는 벼슬살이를 가장 잘하는 사람으로 그를 으뜸으로 친다."

정태화의 관료 생활이 여타 다른 이들과 달리 더 빛을 발한 이유는 당시 시대 상황 때문이다. 병자호란이 터지고, 소현세자가 귀국해 갑작스레 죽고, 그의 자식이 아닌 봉림대군이 왕위를 이어받는 비정상적인 정치구도! 여기에 다시 예송논쟁이 터지고 효종이 북벌을 주장하는 어지러운 정국에서도 정태화는 꿋꿋이 자리를 지켰고 주위의 신망을 받았다.

물론 비난의 목소리도 있었다.

정태화는 재주가 다른 사람들보다 뛰어났으며, 임기응변에 뛰어났다. 다만 재상이 된 지 20년 동안에 국사를 자신이 담당하려 하지 않았고 자신을 돌보는 계책에 능하였으므로 사람들이 이것을 단점으로 여겼다.
—《조선왕조실록》현종 9년, 1668년 5월 16일의 기록 중 발췌

사신은 논한다. 태화의 자는 유춘囿春이다. 재주와 지혜가 넉넉하고 총명하고 민첩함이 남보다 뛰어났는데, 일에 앞서 생각하여 일을 그르친 적이 없었다. 집에 있을 때도 법도가 있어 자제들에게 번화하고 화려한 것을 숭상하지 말고 붕당朋黨을 결성하지 말도록 신칙申飭하였다. 의정부에 출입한 지 25년이 되었으나 세력을 부리지 않았다. 그러나 세상이 돌아가는 대로 행동하고 국사를 제대로 담당하려고 한 적이 없었다. 그리고 자못 뇌물을 받는다는 기롱欺弄도 있어 사람들이 이를 단점으로 여겼다.

—《조선왕조실록》현종 14년, 1673년 10월 8일의 기록 중 발췌

과연 어떻게 처신을 했기에 사관으로부터도 잘한다는 평가를 들었을까? 당색에 휩쓸리지 않았기 때문일까? 정태화가 사직 상소를 올린 이유를 살펴보면 이런 평가를 이해할 수 있다.

가만히 듣건대, 병조판서 원두표元斗杓가 주찬酒饌을 준비하고 기악妓樂을 챙기어 수상首相의 집으로 가서 한바탕 연음宴飮을 벌였다고 합니다. 품계가 높은 중신이 어떻게 감히 주찬과 기악을 준비하여 대신에게 아첨할 수 있으며, 대신도 또한 어떻게 그것을 받을 수 있습니까. 세종조에 호조판서 김종서金宗瑞가 물을 만 밥을 상신相臣 황희黃喜에게 올리자 황희가 그것을 물리치고 종서를 불러 뜰아래에 세워놓고서 아첨한다고 꾸짖었으니, 지금까지 전해오면서 이야기하며 그것을 아름답게 여기고 있는데 두 신하들은 아직까지 그것을 듣지 못하였단 말입니까. 두 신하

의 이 일에서 조정 기강이 무너졌는데도 사람들이 괴이하게 여기지 않고 오히려 말하는 사람이 없는 것을 볼 수 있으니, 대단히 나약한 풍습이 더욱 한탄스럽습니다.

—《조선왕조실록》효종 5년, 1654년 2월 10일 정언 이상진의 상소문 중 발췌

여기서 수상이란 당시 영의정 자리에 있었던 정태화였다. 병조판서가 술과 악공을 준비해 정태화의 집에 가 놀았다는 고발이었다. 이상진李尙眞의 상소문이 올라가고 사흘 만에 정태화는 즉각 반응을 보인다.

영의정 정태화가 상소하여 면직을 청하니(이상진이 상소하여 그가 연회를 벌여 술 마신 것을 논의하였기 때문이다) 답하기를, "이상진의 말이 망령되어 두서가 없으니 족히 말할 것이 없다. 심지어 은어隱語로써 나를 진이세秦二世에게 비하여 곤욕을 주기까지 하였으니, 난들 어찌 노여운 생각이 없었겠는가만 너그러이 그를 용납하여준 것은 언로言路를 위해서였다. 경이 나의 뜻을 본받을 수 없겠는가. 평온한 마음으로 생각하여 다시는 사직하지 마라" 하였다.

—《조선왕조실록》효종 5년, 1654년 2월 12일의 기록 중 발췌

정태화가 피혐(避嫌, 헌사에서 논핵하는 사람이 벼슬에 나가는 것을 피하던 일. 사건의 혐의가 풀릴 때까지 벼슬길에 나가지 않는 것이 관례였다)을 한 것이다.

처신의 정석

조선 시대 고위관료들의 경우 탄핵이나 고발을 당하면 진위 여부를 떠나 일단 피혐을 하는 것이 관례였다. 정태화도 이런 관례를 따랐다(정태화는 자신을 고발한 이상진을 끌어안는 통 큰 모습을 보여줬다). 이것 말고 재해에 따른 사직 상소도 많았다.

> 영의정 정태화, 좌의정 심지원, 우의정 원두표가 차자箚子를 올려 아뢰기를, "무지개가 해를 가로지르는 변괴가 이 정월달에 있었으니, 어떤 일이 잘못되었고 어떤 일의 감응인지는 비록 꼭 집어 알 수 없지만, 반드시 인사人事가 아래에서 잘못된 뒤에 천변이 하늘에 나타나는 것입니다. 삼가 바라건대 빨리 신들을 파면하고 어진 덕을 가진 사람을 재상으로 다시 임명하소서" 하니 답하기를, "아, 이 어찌 경들의 허물이겠는가. 안심하고 사직하지 말아서 내 몸을 보필하여 전복顚覆되는 환난을 면하게 해주길 바란다" 하였다.
>
> ─《조선왕조실록》효종 8년, 1657년 1월 25일의 기록 중 발췌

재이설(災異說, 천재지변은 하늘이 왕에게 내리는 경고)에 따른 사직 상소이다. 보통 가뭄이나 홍수와 같은 천재지변이 일어나면 왕은 자신의 잘못을 신하들에게 말하는 일종의 자아비판을 한다. 그런 다음 구언(求言, 임금이 신하들의 바른말을 널리 구함)을 듣는 것이 일반적인 통례다. 만약 이런 자아비판이 먹히지 않을 경우 조정 대신들이 사직 상소를 올린다. 재이災異는 하늘의 경고이고 그 경고는 책임자의 잘못

때문이라는 논리다. 정태화는 천재지변이 일어났을 때도 사직 상소를 올렸다.

이 대목에서 궁금한 것이 그렇다면 정태화가 영의정으로 근무하던 시절 언관들로부터 고소 고발을 많이 당했고, 나라에는 천재지변이 계속 일어났느냐는 것이다. 20여 년 동안 다섯 차례나 영의정을 역임한 사람이 밥 먹듯이 고소 고발을 당할 리는 없잖은가? 기록을 계속 살펴보자.

대사헌 정지화鄭知和가 합계에 언급된 사람 중에 상피(相避, 같은 관서에 가까운 친인척이 근무할 경우 이를 피하게 하는 것. 암행어사 파견 시 파견 지역에 근무하는 공무원 중 어사의 친인척이 없도록 하기 위해 상피 단자를 받곤 했다)할 사람이 있다는 것으로 인피(引避, 벼슬아치가 직무상 거북한 상황에 놓일 때 벼슬을 내놓고 물러나겠다고 하는 것)하고 체직遞職시켜주기를 청하여 면직되었다. 정태화가 곧 그의 종형이다.

─《조선왕조실록》 현종 8년, 1667년 2월 26일의 기록 중 발췌

정태화의 사촌인 정지화가 상피를 했던 것이다.

좌의정 정치화鄭致和가 북경에서 돌아와 광주廣州에 도착하여 상소를 올려 사직하였는데, 그의 형인 정태화가 막 영의정에 제수되었기 때문이다. 상이 '사직하지 말고 올라오'라고 답하고 사관을 보내어 유시하였다.

─《조선왕조실록》 현종 9년, 1668년 2월 29일의 기록 중 발췌

사촌에 이어 이제는 친동생 정치화까지 좌의정 자리에 올랐다. 정태화로서는 곤란한 상황이 아닐 수 없었다. 아무리 청렴결백하고 떳떳하더라도 오얏나무 아래서는 갓끈도 고쳐 매는 것이 아니라 하지 않았던가! 일이 이렇게 돌아가자 세간에서는 "나라를 정가가 모두 움직인다"라는 말이 나돌았다. 그도 그럴 것이 형은 영의정이요, 동생은 좌의정이지 않은가? 당시 정 씨 형제들은 조정 요직이란 요직은 두루 거쳤다. 그만큼 능력을 인정받은 것이겠지만 정태화로서는 부담스러울 수밖에 없었다.

영상 정태화가 열아홉 번째 정고呈告하니, 승지를 보내어 도타이 유시하였다.

—《조선왕조실록》현종 9년, 1668년 6월 25일의 기록 중 발췌

영의정 정태화가 일곱 차례 사직소를 올렸으나, 상이 우부승지 홍만용洪萬容을 보내 도탑게 타일렀다.

—《조선왕조실록》현종 10년, 1669년 1월 17일의 기록 중 발췌

영의정 정태화가 스물두 번째 정사하니, 상이 행차가 가까이 있어 논의하여 결정할 일이 많이 있다며 도승지 장선징張善澂을 보내어 우선 정고를 멈추고 기력이 차츰 나아지기를 기다려 들어와서 상의하자는 뜻으로 타일렀다.

—《조선왕조실록》현종 10년, 1669년 2월 27일의 기록 중 발췌

현종 9년, 10년, 11년 이 3년 동안 정태화는 집중적으로 사직 상소를 올린다. 세간의 이목과 자신의 건강(그는 말년에 중풍에 걸렸는데 중풍을 이유로 사직한 후 6개월 만에 사망한다) 악화가 그 이유였다.

20여 년 동안 다섯 차례나 영의정 자리에 올랐고, 이 기간 동안 무려 37번이나 사직 상소를 올렸던 정태화. 능력도 능력이지만 관리로서의 처세에 대해 한번쯤 생각해봐야 할 점이다. 사직 상소로 자신의 결백과 무욕無慾을 증명하려 한 점은 이해가 가지만 국정의 최고 책임자가 그 진퇴를 너무 쉽게 생각한 것은 아닐까? 세상 사람들이 처신을 잘한다 말하고, 사관이 "세상이 돌아가는 대로 행동하고 국사를 제대로 담당하려고 한 적이 없었다"라고 기록한 것에는 다 이유가 있다.

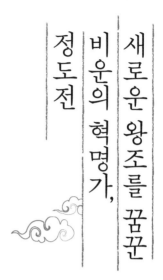

정도전

비운의 혁명가,

새로운 왕조를 꿈꾼

"정도전은 화의 근원."

"한나라를 세운 건 유방이 아니라 장자방이다. 나는 조선의 장자방이다."

"헤어진 지 오래되니 그리운 생각이 더욱 간절하오. (중략) 최긍이 와서
안부를 듣게 되니 적잖이 위로가 되었소."

"잘 되어간다. 만일 잘 안 풀리면 군대를 이끌고 와서 한바탕 해주지."

첫 번째 문장은 명 태조 주원장朱元璋이 정도전鄭道傳을 보내라고
조선 조정을 압박하며 한 말이다. 두 번째 문장은 정도전이 스스로
를 장량張良에 비유하며 자신이 조선을 만들었음을 은근히 내비친
말이다. 세 번째 문장은 정도전이 도순무사 임무를 맡고 동북면에
있을 때 태조 이성계가 '송헌'이란 옛 호를 넣어서 쓴 편지 중 일부

를 발췌한 것이다. 왕이 신하에게 보내는 교지가 아니라 친구가 절친한 벗에게 보내는 편지였다. 마지막 문장은 조선 개국 초 사은사로 명을 방문했다가 돌아오는 길에 정도전이 한 말이다.

도대체 얼마나 대단했기에 명나라 황제가 조선이란 작은 나라의 한 인물을 내놓으라고 협박까지 했을까? 어째서 이런 협박까지 받고도 태조 이성계는 끝까지 정도전을 지켰을까? 한술 더 떠 정도전은 자신이 조선을 건국했고, 명나라가 속을 썩이면 전쟁도 불사하겠다는 자신감마저 내보인다. 도대체 정도전은 어떤 인물이었기에 이런 발언과 평가를 받았을까?

정도전은 우리 모두가 잘 알고 있듯이 조선 왕조의 개창자로 경복궁 이름을 지은 인물이다. 그가 단순히 궁궐 이름만 지었을까? 조선 건국 초 그러니까 1차 왕자의 난이 일어나기 전까지 조선은 정도전이란 인물이 없으면 돌아가지 않을 정도였다. 판삼사사에 임명돼 나라의 재정을 총괄했고, 여기에 더해 판의흥 삼군부사에 앉아 병권까지 책임졌다. 덤으로 세자의 교육까지 맡았다. 대단한 건 이 바쁜 와중에도 왕명을 받들어 《고려사》를 편찬했고, 〈문덕곡文德曲〉, 〈몽금척夢金尺〉, 〈납씨곡納氏曲〉 등 악사를 지어 조선 초기 궁중음악의 기틀을 마련하기도 했다는 점이다. 훗날 《경국대전》의 모태가 되는 《조선경국전朝鮮經國典》과 《경제문감經濟文鑑》을 편찬했으며, 병서인 《사시수수도四時蒐狩圖》와 《진도陣圖》를 만들어 병사 훈련에 활용했다. 결정적으로 왕족과 권신들의 사병으로 흩어져 있던 병사들을 통합해 강력한 조선군을 만들려 시도했고, 이 통합된 조선군으로 요동 정벌까지 하려 했다.

처음에 정도전과 남은南誾이 임금을 날마다 뵈옵고 요동을 공격하기를 권고한 까닭으로 《진도陣圖》를 익히게 한 것이 이같이 급하게 하였다. 이보다 먼저 좌정승 조준趙浚이 휴가를 청하여 집에 돌아가 있으니, 정도전과 남은이 조준의 집에 나아가서 말하였다.

"요동을 공격하는 일은 지금 이미 결정되었으니 공公은 다시 말하지 마십시오."

—《조선왕조실록》 태조 7년, 1398년 8월 9일의 기록 중 발췌

지금의 기준으로 보자면 작은 조선이 대국 명나라를 공격한다는 것이 어처구니없게 들리겠지만 충분히 현실성 있는 이야기였다. 명나라는 조선을 껄끄러워했다. 세계를 휩쓸고 지나간 몽골과 대적해 40년을 버텨낸 고려의 강인함, 한반도의 지형이 수비하는 자들에게 유리한 산지 지형이란 점, 거기에 최적화된 활의 명수들이 포진해 있는 점에 더해 권세가들에게 흩어져 있던 사병들을 하나로 통합해 단일 지휘체계를 확보한다면 조선이 어떤 힘을 갖게 될지 명나라로써도 두려웠던 것이다. 때문에 명 태조 주원장이 정도전을 내놓으라고 협박했고 이를 잘 알고 있던 이성계는 목숨을 걸고 정도전을 지켰다.

태종 이방원李芳遠의 행보를 보면 정도전의 위대함을 다시 한 번 확인할 수 있다. 두 번에 걸친 왕자의 난으로 정도전을 죽이고 왕위

에 오른 태종은 정도전이 구상했고 추진했던 정책 중 두 가지만 빼고 모든 걸 계승한다. 하나는 '요동 정벌'이고 나머지 하나는 드라마 〈뿌리 깊은 나무〉에도 잘 나와 있는 '재상총재제宰相總裁制'다. 간단히 말해서 정도전은 6백여 년 전에 입헌군주제와 비슷한 정치체계를 고민했다.

정도전의 생각은 명확했는데, 왕정은 너무 위험부담이 큰 정치체제란 결론을 내리고 그 대안을 생각한 것이다. 1인 중심의 왕정 체제는 똑똑한 명군이 나와 태평성대를 이룩할 수도 있겠지만 멍청한 암군이 나와 나라를 혼란에 빠뜨릴 수도 있다. 이런 위험천만한 정치체계보다는 과거시험을 통해 기본 실력을 검증받고, 수십 년 동안 정치 일선에서 정무감각과 현실 정치를 단련받은 전문 정치인이 재상이 돼 나라를 이끄는 것이 훨씬 더 효율적이고 안정적이란 것이다. 물론 그러면 왕은 허수아비가 되겠지만, 왕에게 딱 하나 결정적인 카드를 쥐여주는 것으로 정리하게 된다. 바로 재상 임명권이다. 오늘날의 입헌군주제 형태다.

만약 정도전이 왕자의 난으로 죽지 않았다면 조선의 역사는 어떻게 바뀌었을지 모른다. 조선이란 나라가 재상 중심의 입헌군주제 형태로 통치되고, 사병을 통합해 단일화된 명령체계로 움직이는 조선군을 이끌고 요동까지 정벌했을지도 모를 일이다. 그렇다면 한반도로 한정된 우리의 영역이 저 만주까지 넓어져 대륙을 호령하고 있을지도 모른다. 물론 가정일 뿐이다.

재상총재제 형태의 통치방법이 붕당정치를 가속화시켜 소모적인 정쟁에 빠뜨려 국력을 소모시켰을 수도 있고, 요동 정벌에 실패해 명나라의 압박에 신음했을 수도 있다. 그러나 모든 가정을 다 지우더라도 정도전이 없었다면 조선이란 나라는 시작되지 못했을 것이란 사실은 명명백백하다. 이는 지금만이 아니라 당대의 평가에서도 인정하는 대목이다.

"개국 초기에 실시된 큰 정책은 다 선생이 찬정撰定한 것으로 당시 영웅호걸이 일시에 일어나 구름이 용을 따르듯 하였으니 선생과 더불어 견줄 자가 없었다."

세종 때의 명신 신숙주申叔舟가 정도전을 평가한 말이다. 더 이상 어떤 설명이 필요하겠는가.

시련은 나를 강하게 만든다

고려와 조선 양조에서 삼십 년간 활약했던 정도전은 날 때부터 개혁가였고 경세가였을까?

조심하고 또 조심하여 온통 공을 들여서
책 속에 담긴 성현의 말씀 저버리지 않았네
삼십 년 긴 세월 고난 속에 쌓아놓은 업적
송현방 정자에서 한 잔 술에 그만 허사가 되었네

이방원의 칼날에 죽기 전 정도전이 읊은 〈자조自嘲〉란 시다. 향년 쉰일곱, 고려의 마지막 신하이자 조선 개국을 이끈 첫 번째 공신인 정도전이 자신의 육십 평생을 뒤돌아보며 쓴 시다. 스스로를 비웃는다는 시의 제목과는 달리 뭔가 비장미가 느껴지지 않는가? 여기서 주목할 것이 '삼십 년 긴 세월'이란 대목이다.

아버지 정운경鄭云敬의 도움으로 당대 최고의 학자였던 이색李穡의 문하에 들어가 성리학을 공부하고 과거에 급제할 때까지만 하더라도 정도전은 '서자 출신의 똑똑한 젊은 관리'였을 뿐이었다. 물론 똑 부러진 일솜씨 덕분에 공민왕의 총애를 받아 삼십대 중반에 벌써 정4품의 품계에 오를 정도로 능력을 인정받았지만 경세가로서 정국을 주도할 만한 그릇은 아니었다. 그가 조선 왕조 개창자로 성장할 수 있었던 건 삼십대 중반의 나이에 있었던 그의 치기 어린 행동 하나 때문이었다.

고려 조정은 친원파와 친명파로 나뉘어 극심한 대립을 보이고 있었다. 그런데 친명 노선을 견지하고 있었던 정도전이 원나라 사신을 접대하는 영접사로 임명된다. 정도전은 당시 시중이었던 경복흥慶復興의 집으로 쳐들어가서 자신의 소신을 밝힌다. 한마디로 원나라 사신을 접대할 수 없다는 거였다. 지금으로 치자면 서기관 급이 국무총리를 찾아가 미국 대사를 접대할 수 없다고 소리치는 격이나 마찬가지다. 당연히 정도전은 유배 길에 올랐고 운명은 여기서 다시 한 번 정도전을 시험에 들게 한다.

유배지로 떠나기 전 동료와 선후배들이 모인 술자리에서 정도전

정도전 영정 | 권오창 화백이 그린 문헌공 정도전. 흥선대원군 섭정 때 복권되기 전까지 정도전은 450년 넘게 역적 취급을 받았기 때문에 당대에 그려진 초상화가 없다.

의 친구였던 염흥방廉興邦이 사람을 보낸 것이다. 떠오르는 권력의 실세였던 염흥방은 친구인 정도전의 유배가 안타까웠는지 경복흥을 설득했다. 그리고 조금만 참고 기다리면 좋은 소식, 즉 유배가 풀릴 것이니 출발하지 말라는 전갈을 보낸 것이다. 그러나 정도전은 이를 일언지하에 거절한다. 이미 어명이 떨어졌으니 유배를 떠나겠다는 것이다. 물론 이 소식은 권력의 핵심세력에게 고스란히 전달됐고, 정도전에 대한 이들의 분노는 더 깊어진다. 문제는 이뿐만이 아니었다. 정도전이 유배 길에 오른 뒤에 정몽주鄭夢周, 박상충朴尙衷, 김구용金九容 등이 정도전의 뜻을 이어받아 북원과 화친하지 말 것을 간하는 상소를 올리는데 이첨李詹 같은 이는 실세였던 이인임李仁任을 베어 죽이라는 내용까지 올렸다.

정도전의 기개가 퍼져나간 것이다. 상황이 이렇게 돌아가자 이인임을 비롯한 고려 조정의 핵심 실세들은 더더욱 정도전에게 악감정을 품고, 이런 악감정은 고스란히 정도전에 대한 압박으로 이어진다. 그래서 정몽주나 김구용 등 상소를 올렸던 이들이 하나둘 정계 복귀를 할 때도 정도전은 전라도 나주에서 유배 생활을 계속해야 했다. 그렇게 2년의 세월이 흐른 뒤에야 유배가 풀린다. 하지만 단서가 하나 붙는데 개경에는 들어올 수 없다는 조건이었다. 사면은 됐으나 복권이 되지 않았다고 해야 할까? 이는 정치 활동을 금지시키겠다는 소리였다. 평생 공부만 했고 관료로서의 삶만을 꿈꿔왔던 정도전에게 정치 활동 금지란 곧 생계를 접으란 말이나 다름없었다. 당시 정도전의 형편을 살펴볼 수 있는 단서가 있다.

당신은 평소 부지런히 독서에만 몰두하여 아침에 밥이 끓든 죽이 끓든 간섭하지 않아 집 안에는 한 섬의 쌀도 없었습니다. 방에 가득한 아이들은 끼니때마다 배고프다고 울고 날이 찰 때는 춥다고 울부짖었습니다.

하지만 부부는 한번 맺어지면 죽을 때까지 고칠 수 없는 것이니 당신이 나를 질책하는 것은 나를 사랑해서지 미워해서는 아닐 것으로 나는 믿소.

첫 번째는 유배 당시 정도전의 아내가 곤궁한 생계를 하소연하는 편지 중에 발췌한 것이고, 두 번째는 정도전의 답장이다. 유배가 풀리면 궁핍함에서 벗어날 거라는 한 가닥 기대로 버텼지만 정치 활동을 못 하니 경제적 궁핍은 더욱 심해진다. 결국 정도전은 고향 집과 처가를 전전하는데 이때 호구지책인 동시에 정치 활동 재개의 발판으로 삼고자 한 것이 학원이다.

북한산 아래에 초막을 짓고 삼봉재三峯齋라는 학원을 차려 성리학으로 무장한 신진세력을 키우려 했던 것이다. 하지만 이런 노력조차 곧 물거품이 된다. 사람들이 몰려와 학원을 헐어버린 것이다. 정도전은 이에 굴하지 않고 부평으로 내려가 다시 학원을 차리지만 역시 헐리고 만다. 결국 김포로 집을 옮기는데 당시 정도전의 심정을 절절하게 담아낸 시가 한 수 있다. 바로 〈집을 옮기다〉란 시다.

오 년에 세 번이나 집을 이사했는데 올해 또다시 집을 옮겼네
들은 넓은데 초막은 자그마하고 산은 길고 길지만 고목은 성글어라
밭 가는 농부는 서로 성을 물어오건만 옛 친구는 편지마저 끊어버렸다
천지가 능히 나를 용납해주리니 바람 부는 대로 맡길 수밖에

니체가 말했던가? "나를 죽이지 못하는 시련은 나를 강하게 만

들고야 만다." 이 8년간의 야인 생활은 정도전을 강하게 만들었다. 연부역강年富力强한 삼십대가 지나가고 어느덧 마흔 줄에 오른 정도전. 옛 친구들은 중앙 정계에서 승승장구하던 그때 정도전은 호구지책을 걱정하며 세상을 떠돈다. 그런데도 이 세상에 자기 한 몸 받아줄 곳 없겠느냐며 자신감을 드러낸다. 만약 평탄하게 벼슬 생활을 했다면 오늘날 우리의 기억 속에 있는 정도전은 없을 테고, 조선이란 나라는 탄생하지 못했을지도 모른다. 8년간의 야인 생활, 정도전 자신도 몰랐겠지만 이 시련의 시간이 조선 왕조의 설계자 정도전을 만들어낸 것이다.

백성들은 어리석지 않다!

정치적으로 핍박받고 경제적으로 궁핍함을 면치 못했던 8년간의 야인 생활, 이 기간 동안 정도전은 어떻게 변했을까?

나는 겨울에 갖옷 한 벌, 여름에 갈옷 한 벌로써 일찍 자고 늦게 일어나며, 기거 동작에 구속되지 않았고 (중략) 어떤 때는 농사꾼이나 시골 늙은이를 만나 싸리포기를 깔고 앉아서 서로 위로하기를 오랜 친구처럼 하였다.

그가 유배지에서 쓴 〈소재동기消災洞記〉의 한 대목이다. 농사꾼이나 시골 늙은이와 허물없이 지내는 모습을 확인할 수 있다. 이런 모습은 그의 문집인 《삼봉집三峯集》에 실린 〈답전부答田父〉를 보면 더욱 명확하게 표현돼 있다.

"무슨 죄인가? (중략) 벼슬을 꼭 해야겠는데 스스로 이룰 능력이 없어 권신을 가까이하다가 (중략) 여러 사람들이 성을 내어 하루아침에 형세가 가버려서 결국 이렇게 죄를 얻게 된 것인가?"
정도전이 자기 죄는 그런 것이 아니라 말하자,
"자기 몸만 온전히 하고 처자나 보호하면서 세월을 보내다가 (중략) 그만 간사한 것이 드러나고 죄가 발각되어 이런 지경에 이르게 된 것인가?"

이후에도 문답은 이어지는데 이 문답의 주인공 등에는 진흙이 묻어 있고 손에는 호미를 들고 김을 매고 있는 농부였던 것이다. 정도전은 충격을 받는다. 정도전의 유배지였던 부곡은 주로 천역에 종사하는 하층민들의 거주하고 있었다. 처음에 유배됐을 때만 하더라도 정도전은 백성들을 불쌍하게 여겼지만 곧 자기 생각이 잘못됐다는 걸 확인한다. 백성들은 지배자들이 생각하듯이 그렇게 멍청하지 않고 세상 돌아가는 물정에 대해서도 누구보다 잘 알고 있었다. 게다가 우둔함을 넘어서 유학자들 이상의 탁견卓見을 보이는 경우도 많았다.
충격적인 건 백성들의 삶이었는데, 많이 배우고 또 그 능력을 인정받아 중앙 정계에서 활동했던 정도전은 자신이 배운 성리학으로 세상을 바라봤고 관료적인 생각으로만 백성들을 대했다. 그러나 현실은 달랐다. 고려의 거의 모든 땅은 권문세족에 의해 점유됐고, 한 해 농사를 지어도 이리저리 세금으로 뜯기고 나면 입에 풀칠하기조차 어려웠다. 유배지에서 엄혹한 시대 상황을 보면서 정도전은 분개한다. 여기에 왜구와 홍건적까지 들끓었으니 백성의 삶은 지옥 그 자체였다.

유배를 시작한 첫 2년 동안은 백성들의 삶이 자신이 배우고 꿈꿔왔던 대로가 아니란 사실을 확인했고, 그 뒤 6년간은 고려의 실상을 파악하고 고민했다. 정도전은 4년간 고향 영주와 안동, 제천, 원주 등을 유랑한다. 그 결과 나온 것이 삼봉재라는 학원이었지만 이 역시도 권문세족의 방해로 무참히 무너진다.

여기서 잠깐 정도전의 철학을 짚고 넘어가자. 유배지에서 정도전은 고민을 한다. 몇 년 전 우리 사회를 휩쓴 '정의란 무엇인가'와 똑같은 주제였다. 왜 정의로운 자는 곤궁하고 불의한 자는 부귀한가. 자신의 행동은 옳지만 핍박을 받고 권문세족의 행동은 불의하지만 부귀영화를 누리고 있는 것에 대한 반동이었다. 우선 스스로가 납득해야 한다고 생각했던지 정도전은 이 '정의'에 대해 고민하다《심문천답心問天答》이란 철학책을 쓴다. 핵심은 선악의 인과응보는 하늘의 뜻이 아니라 인간 각자의 책임이라는 것이다. 정의로운 자가 곤궁하고 선한 자가 화를 입는 건 시대나 사회의 탓이 아니라 사람들의 지혜와 성심이 부족해서라는 주장이다. 이렇게 마음을 정리한 정도전은 본격적인 유랑 생활을 시작한다.

그리고 역사적인 함주 막사 회동을 실행한다. 1383년 가을, 정도전은 함길도 함흥에 있는 동북면 도지휘사 이성계를 찾아간다. 왜 하필 이성계였을까? 정도전은 개혁만으로는 고려를 정상화시킬 수 없다는 판단을 내리고, 혁명을 꿈꿨던 것이다. 그러기 위해선 군사력이 필요했고, 당시 나라를 엎어버릴 정도의 군사력과 명망을 가진 이는 딱 두 명 최영崔瑩과 이성계뿐이었다. 이때 최영의 나이가 예순여덟, 이성계는 마흔아홉이었다. 마흔두 살의 정도전에게는 아무래도 이성계가 상대하기에 더 편했다.

아울러 위치와 성향도 생각해봐야 했는데 최영은 개인적으론 견금여석見金如石을 말할 정도로 청렴했지만 정치적으론 고려 말 권문세족의 대표 주자였던 이인임과 손을 잡고 있었다. 반면 이성계는 떠오르는 명망가였지만 그때까지는 아직 동북면에서 일군을 지휘하는 변방의 싸움 잘하는 한 장수일 뿐이었다. 중앙 정계에 별다른 인연이 없는 아웃사이더였던 것이다.

"이 정도의 군대라면 무슨 일인들 성공시키지 못하겠습니까?"라고 넌지시 떠본 정도전은 그날 밤 이성계와 밤새도록 술을 마신다. 그리곤 다음날 소나무의 껍질을 벗기며 시 한 수를 읊는다.

아득한 세월에 한 그루 소나무

몇만 겹 푸른 산속에 자랐도다

잘 있다가 다음 해에 서로 만나 볼 수 있을는지

인간 세상 굽어보다가 곧 큰 발자취를 남기리니

여기서 늙은 소나무는 이성계다. 정도전은 이 시를 통해 때가 되면 세상에 나와 자기와 큰일을 도모하자는 은근한 메시지를 전한다.

이후의 이야기는 역사 교과서에 실려 있는 것과 같다. 정도전과 이성계는 손을 잡고 고려를 갈아엎은 뒤 그 위에 조선이란 나라를 세운다. 만약 정도전이 야인 생활을 하지 않았다면 이성계를 찾아 함주 막사까지 갔을까? 갔다 하더라도 고려를 멸망시키고 조선을 건국할 생각을 할 수 있었을까? 이성계는 정도전의 8년 야인 생활의 원인을 제공한 경복흥과 고려의 권문세족에게 감사해야 할 것이다.

역신이 된
조선을 사랑한
스파이, 강홍립

광해군 10년(1618년) 4월 명나라로부터 서신 한 통이 날아든다. 내용은 아주 간단했다. 명나라가 50만 대병을 일으켜 누르하치가 세운 후금을 공격할 터이니 조선도 병사를 일으켜 협력하란 것이었다. 조선 조정으로서는, 아니 광해군으로서는 난감한 상황이 아닐 수 없었다. 명나라는 임진왜란 때 군대를 파병해 조선을 도와줬다는 걸 부각시키며 압박을 가해왔다. 바로 재조지은再造之恩을 말하며 망해가는 왕조를 다시 세워준 은혜를 잊지 말라는 것이었다. 의리와 명분에 죽고 못 살던 조정 대신들은 어려울 때 부모를 돕는 건 자식의 도리라며 광해군을 압박했다. 이때 광해군이 내놓은 것이 바로 살라미 전술에 비견될 정도의 시간 끌기 전략이었다.

"이건 양식에 맞지 않는다. 군사를 움직이는 엄중한 일을 일으키려면 적어도 황제의 칙령은 받아야 한다."

"조선에서 군대를 빼면 왜놈들이 다시 쳐들어올 수도 있다."

"임진왜란 때 조선군의 실상을 보지 않았는가? 군대를 보내도 군량만 축낼 것이다."

"임진년에 난리를 겪은 탓에 나라가 가난하다. 군사를 일으킬 수준이 못 된다."

파병해야 한다는 건 누가 봐도 분명한 상황에서 광해군은 외교적 형식을 트집 잡고, 조선의 상황과 일본이 재침할지도 모른단 논리를 내세워가며 시간을 끌었다. 종국에 가서는 조선군은 군량미만 축내고 별 도움이 안 될 것이라며 엄살을 떨었다. 파병 문제 때문에 명나라 조정과 조선 조정 사이에는 수많은 사신이 오갔다.

이렇게 시간을 끌다가 마지막에 가서는 "병사를 일으키겠다. 다만 그 군사를 이끌고 압록강을 건너가진 않겠다. 압록강 근처에 주둔하며 오랑캐를 압박하면 그 자체만으로도 도움이 될 것이다"라며 최후의 카드를 꺼내 든다.

패배를 예상하고 시작한 출병

광해군이 이렇게 시간을 끌며 미적지근한 반응을 보이자 명나라도 발끈하는데 "임진년의 재조지은을 잊지 마라. 계속 이렇게 나온다면 누르하치를 치기 전에 너희를 먼저 칠 것이다"라며 압박한다.

상황이 급박하게 돌아가자 광해군도 어쩔 수 없이 군대를 파병하기로 한다. 이 대목에서 가장 고민되는 것이 바로 파병군 총사령관 자리에 누굴 앉혀야 하느냐는 점이었다. 일반 상식으로는 전투 경험이 풍부한 장군 중에서 뽑는 것이 당연했겠지만, 실리주의 노선을 택한 광해군의 생각은 달랐다.

"명나라와 연합작전을 해야 한다. 말 안 통하는 용맹한 장수보다는 중국어를 잘하는 똑똑한 문신이 낫다"란 결론을 내린 것이다. 이 때 광해군의 눈에 들어온 인물이 강홍립姜弘立이었다. 강홍립은 예전에 어전통사御前通事로 맹활약했는데 어전통사는 지금으로 치자면 대통령 통역관이라고 보면 된다. 광해군은 왕 직속 통역관으로 원어민 수준의 중국어를 구사하던 강홍립의 실력을 높이 샀다. 결국 도원수 한준겸韓浚謙 밑에서 종사관을 했고 순검사로 있었던 게 군대 경력의 전부였던 강홍립에게 1만 3천 파병군의 총사령관 자리인 오도 원수 자리를 제수한다. 강홍립으로서는 난감한 상황이었는데 당시 심정이《조선왕조실록》에도 잘 나와 있다.

"삼가 듣건대 신의 성명도 원수를 의논해 천거한 명단 가운데 끼어 있다고 하였으므로 신이 혼자 웃으면서 마음속으로 중얼거리기를 '당당한 대국에 어찌 인재가 부족하기에 나처럼 내용이 없고 같잖은 사람까지도 장수 선발 대상에 끼어들었단 말인가. 그러나 비국의 신하가 혹 잘못 천거했다 하더라도 인물을 잘 알아보는 성상께서야 어찌 잘못 제수하시겠는가' 하고는 이에 대해 전혀 의심을 하지도 않은 채 꿈에도 이렇게 되리라고는 생각하지 않았습니다."

—《조선왕조실록》광해군 10년, 1618년 6월 12일의 기록 중 발췌

　겸양의 의미로 볼 수도 있겠지만 전혀 아니다. 강홍립은 몇 번에 걸쳐 사직을 청한다. 나중에는 어머니 병 핑계까지 댄다. 강홍립이 어머니에 대한 염려를 계속하자 광해군은 자신이 잘 보살필 터이니 걱정 말고 군대를 이끌라고 말한다.

　광해군은 왜 이렇게까지 했을까? 당시 상황을 보자면 조선의 출정은 상당히 부담스러운 것이었다. 명나라와 후금 사이에 끼어 눈치를 봐야 했기에 섣불리 처신하기가 곤란했다. 게다가 명나라는 조선을 믿고 출병한 기색이 역력했다. 말로는 50만 대군이라 했지만 그건 말 그대로 군호軍號, 그러니까 출정 전에 병사 수를 부풀린 것

〈양수투항도兩帥投降圖〉| 강홍립이 후금에 투항하는 장면을 조선 후기 화가 김후신이 그린 것으로 《충렬록》에 실려 있다.

이었고 실제로 많아 봐야 7만 명 수준이었다. 전투력도 장담할 수 없었다. 반면 이들이 상대해야 했던 후금군은 5~6만 명의 정예 철기鐵騎들이었다.

보통 공격하는 쪽이 수비 쪽의 3배 병력은 돼야지만 승전을 예측할 수 있는데 이 정도면 호각세互角勢라 볼 수 있는 수준이었다. 더 큰 문제는 같은 기병이라고는 해도 명나라 기병은 말 탄 보병 수준이었지만 후금의 기병은 태어났을 때부터 말을 타온 정예 부대였고, 여기에 수많은 전투 경험까지 있었다. 결정적으로 지휘관의 역량과 병사들의 사기에서조차 뚜렷한 차이가 났다. 시작하기도 전부터 진 전투나 다름없었다.

이 모든 걸 간파하고 있었던 광해군은 강홍립에게 모종의 지시를 내린다. 그 지시가 보통의 인물로서는 감당하기 힘든 수준이었기에 강홍립으로서는 피할 수 있다면 피하고 싶은 자리였다. 그러나 광해군은 이 상황에서 조선군 1만 3천 명의 운명을 믿고 맡길만한 인물은 조선에서 강홍립 한 명밖에 없다고 판단했고, 결국 강홍립은 오도원수 자리를 받아들인다.

조선을 사랑한 스파이

명나라가 조선에 끈질기게 파병을 요구했던 이유가 무엇일까? 바로 광해군이 피땀 흘려 키운 포수들이 그 목적이었다. 기마병을 상대할 때 최강의 카드는 화약 무기다. 임진왜란을 온몸으로 겪은 광해군은 조총의 위력을 실감했고, 전란 후 조총수 양성에 공을 들였다. 조선에는 이렇게 알뜰살뜰하게 키운 5천의 포수가 있었다. 이들이 1만 3천 조선 파병군의 핵심이었다. 임진왜란에 참전했던 명나라 장수들은 이 포수들을 탐냈고, 실제로 이 포수들의 지휘권을 요구해왔다.

"유도독劉都督이 경략經略의 영전(令箭, 군령을 전달하는 화살)과 발령패發令牌를 교유격喬遊擊에게 보내어 격문을 신에게 전달하였는데, 포수 5천 명을 징발할 것을 독촉하는 내용이었습니다."

— 《조선왕조실록》 광해군 11년, 1619년 2월 1일의 기록 중 발췌

명나라 총사령관은 조선군 포수에 집착했고, 결국 포수 5천을 먼저 보낼 수밖에 없었다. 이에 광해군은 분노하며 강홍립에게 이 파병의 방향성을 제시한다.

"중국 장수의 말을 그대로 따르지 말고 오직 패하지 않을 방도를 강구하는 데만 힘을 쓰라."

이뿐만이 아니다.

이에 앞서 왕이 비밀리에 회령부의 시장 장사꾼 호족에게 이 일을 통보하게 하였는데, 그 장사꾼 호족이 미처 돌아가기도 전에 하서국河瑞國이

먼저 오랑캐의 소굴로 들어갔으므로 노추(奴酋, 후금의 국왕)가 의심하여 감금하였다. 얼마 후 회령의 통보가 이르자 마침내 하서국을 석방하고 강홍립을 불러들이게 하였다. 강홍립의 투항은 대체로 미리 예정된 계획이었다.

—《조선왕조실록》 광해군 11년, 1619년 4월 2일의 기록 중 발췌

여진족 상인에게 미리 조선의 원정 사실을 통보했고, 강홍립에게는 투항 계획을 세우게 했다. 광해군과 강홍립은 명분을 앞세운 무모한 전투 대신 조선의 생존을 먼저 생각했다. 그렇다고 문제가 그리 쉽게 끝난 건 아니었다. 조명 연합군은 질 수밖에 없는 상황이었고 명나라 군사들은 급작스럽게 끌려온 오합지졸이었기에 그 실력을 믿을 수 없었다. 심지어 서로군 사령관인 두송杜松은 조선군 포수를 선봉에 세우면서 "우리의 전력은 보잘것없다. 우리는 조선군만 믿는다"라며 보고서를 올릴 정도로 전력 또한 형편없었다. 또한 명군 지휘부는 이런 상황에서도 서로의 공을 탐해 협동작전은 커녕 무모하게 경쟁만 벌이다 후금군에게 각개격파를 당한다. 특히 서로군 사령관인 두송이 문제였다. 원래는 명군 각 진영에서 3월 1일 동시에 진격해 후금군을 포위하자는 작전을 짰는데 약속을 어기고 하루 먼저 출발하면서 일이 꼬이고 말았다.

결국 명군은 후금군의 매복에 걸려 전멸했고, 그 여세를 몰아 유정劉綎의 군대를 공격해 전멸시키더니 그대로 조선군 진영까지 밀고 왔다. 조선이 자랑하던 포수들은 첫 발을 쏘고, 두 발째를 채 장전

하기도 전에 후금군에 포위당한다. 심하전투는 그렇게 싱겁게 끝이 난다.

패전과 항복에 대한 소식이 조선 조정에 전해지자 강홍립에 대한 처벌, 그러니까 그 가족들에 대한 처벌을 거론하며 신하들이 들고일어났다. 처음부터 실현 불가능한 난제였고 실패를 전제로 한 파병임을 알고 있었지만, 재조지은과 춘추대의春秋大義만을 주장하던 조정 대신들에게 강홍립은 천하에 다시없는 역적이었다. 그러나 광해군은 강홍립에 대한 의리를 끝까지 지켰다. 그의 가족들에 대한 처벌을 반대했고 강홍립을 옹호했다.

문제는 이때부터였다. 이민환李民寏을 포함한 조선군 포로들은 순차적으로 풀려났지만, 강홍립을 비롯한 파병군 사령부의 지휘관들은 좀처럼 풀려날 기미가 보이지 않았다. 상황이 이렇게 돌아가자 조선 정부는 다른 계획을 꾸민다.

비변사가 전교로 인하여 회계回啓하기를 "강홍립 등이 오랫동안 적중에 붙잡혀 있었으므로 반드시 적의 정세를 자세히 알 것으로 생각하나, 하유下諭까지 한다는 것은 비단 일의 체모가 미안할 뿐만 아니라, 혹시라도 노적에게 잡힐 염려도 없지 않으니, 하서국으로 하여금 강홍립 등에게 몰래 말하여 저들의 크고 작은 사정을 듣고 보는 대로 상세히 기록하여 나오는 사람에게 부쳐 보내게 하는 것이 합당하겠습니다."

—《조선왕조실록》광해군 11년, 1619년 4월 13일의 기록 중 발췌

비변사에서 강홍립을 스파이로 활용하자는 계획을 구상했고, 광해군도 이를 승낙한다. 당시로써는 강홍립만한 스파이감도 드물었는데 중국어에 능통했고 젊은 시절부터 국제 외교무대를 접해 정세 파악 능력도 뛰어났다. 비록 항복한 장수라지만 조선 파병군의 총사령관이라는 직책도 후금으로서는 무시하기 힘든 위치였다. 조선과 우호적인 관계를 유지하고 싶었던 후금으로서는 강홍립을 함부로 대할 수 없었던 상황, 보통의 경우라면 자포자기의 심정이었겠지만 강홍립은 여기서 다시 한 번 자신의 애국심과 충성심을 보여준다. 그렇게 강홍립은 조선의 스파이로 변신한다.

당시 기록을 보면 강홍립에게 보내거나 보고하는 서찰은 꼭 언문으로 쓸 것을 하교하는 광해군의 세심한 모습을 확인할 수 있다. 강홍립 또한 스파이로서의 직분에 충실했는데 강홍립이 보내온 수많은 자료는 광해군이 명과 후금 사이에서 중립외교를 펼치는 데 중요한 판단자료가 돼주었다. 그러나 광해군과 강홍립의 이런 밀월관계는 얼마 가지 못했다.

국가에 충성한 배신자

1623년 능양군을 앞세운 서인세력들이 인조반정을 일으킨다. 이때 이들이 들고나온 대의명분이 친명배금親明排金이었다. 재조지은을 갚기 위해 친명배금을 외교의 기본 노선으로 한다는 것인데 광해군 행정부의 기미책(羈縻策, 후금과 현상을 유지하는 정책)에 대한 반발이었다. 그러나 현실과 이상은 차이가 있을 수밖에 없었으니 집권을 위해 친명배금이란 대의명분을 내세우긴 했지만 서인세력조차 이 공약公約이 공약空約이라는 걸 잘 알고 있었다. 결국 이들은 광해군의 기미책을 그대로 유지한다.

역사 교과서에는 인조반정 이후 겪는 두 번의 호란과 삼전도의 굴욕은 국제정세를 파악 못해 인조 행정부가 자초한 외교적 실패라고 나와 있는데 실상은 다르다.

인조반정 후 명나라와 후금은 너나 할 거 없이 인조를 비난했다. 후금은 그렇다 치고 명나라조차 인조를 비난했다는 게 이해가 가지 않을 것이다. 명나라로서는 광해군은 꽤 괜찮은 왕이었다. 핑계를 많이 대긴 했지만 군대도 파병해준 말이 통하는 군주였다. 불만이 없었단 소리다. 그런데 난데없이 인조가 등장한 것이다. 명나라 조정에서는 한때 심각하게 조선을 쳐 다시 광해군을 왕으로 앉힐까 고민할 정도였다. 덕분에 인조는 2년 넘게 명나라로부터 책봉을 받지 못했다. 후금의 경우 한 수 더 떴는데 정묘호란을 광해군에 대한 복수로 내세울 정도였다. 인조는 이래저래 환영을 받지 못한 군주였다.

그럼 강홍립은 어떻게 지내고 있었을까? 그는 끝까지 조선에 대한 충성을 잊지 않았다. 강홍립은 조선으로의 귀환이 녹록지 않다는 걸 파악하고 본격적으로 장기체류를 준비한다. 그럼에도 후금의 끈질긴 변발 강요와 포로 생활을 하는 동안 편의를 위해 후금의 여자를 얻으라는 권유도 거부했다. 여자를 얻으려면 조선이나 명나라 여자를 얻겠다며 버텼고 결국 한족 출신 장군 동기공佟奇功의 딸과

결혼한다. 물론 스파이 활동도 꾸준히 했다. 급박하게 돌아가는 국제정세 속에서도 진짜 정보를 가려내 조선에 보냈다. 그렇게 심하전투 패배 이후 9년의 세월이 흘렀다. 같이 포로가 됐던 부원수 김경서金景瑞는 병으로 세상을 뜬 지 오래였지만, 강홍립은 꿋꿋이 조국 조선을 위한 길을 찾아 이를 실천에 옮겼다. 그러나 운명은 그에게 다시 한 번 '배신자'의 오명을 짊어질 것을 강요한다.

인조 5년(1627년) 1월, 후금이 조선을 침공하니 이것이 정묘호란이다. 이때 후금은 강홍립에게 향도(嚮導, 길잡이)의 임무를 맡겼다. 9년 전 후금과 싸우기 위해 조선을 떠났던 강홍립이 이제는 후금군의 길잡이가 돼 조선 땅을 다시 밟게 된 것이다. 그러나 강홍립이 길잡이 임무를 맡았던 진짜 이유는 곧 밝혀지는데 이는 배신이 아니라 한마디로 조선을 위한 선택이었다.

하지만 조선 조정의 대응은 달랐다. 대신들은 벌떼처럼 달려들었고 강홍립의 가솔들을 잡아 죽이자는 의견이 조정을 가득 채웠다. 그나마 다행이라면 인조의 대처였다. 강홍립 정도의 인물이 나섰다는 건 미처 파악하지 못한 뭔가가 있다고 여긴 인조는 가솔들의 처형을 거부했다. 이는 정확한 판단이었다.

솔직히 정묘호란이 터졌을 때 인조 행정부는 패닉 상태에 빠져 있었다. 전쟁이 일어났으니 당연히 정신이 없었겠지만, 그것과는 성질이 좀 달랐다. 인조 정부는 겉으로는 친명배금 정책을 주장했지만 실제로는 광해군이 내세웠던 기미책을 그대로 계승했기에 후금을 자극할 아무 것도 없었기 때문이다.

더 놀라운 사실은 쳐들어오자마자 후금이 화친을 맺자는 제의를 했다는 점이다. 황당 그 자체였다. 후금의 침입 사실이 조정에 보고된 날짜가 인조 5년, 1627년 1월 17일이었는데 그다음 날인 1월 18일 화친 제안이 들어온 것이다. 침공하자마자 화친이라니 인조 행정부로서는 황당함의 연속이었다.

친명배금 정책을 추진한 인조 정부에 대한 반감이 침략의 원인 같았지만 그 이면에는 후금의 심각한 식량난과 물자난이 있었다. 대부분의 생필품을 명나라에 의존해왔던 후금은 무순성을 공략하면서부터 명나라와의 관계가 틀어졌고, 자연스럽게 생필품이 부족하게 됐다. 여기에 만주 일대를 휩쓴 기근으로 아사자가 속출하는 등 국가적 위기 상황에 봉착하자 이 난국을 타개하기 위한 카드로 뽑아 든 것이 조선 침공이었다.

인조는 황급히 강화도 몽진 길에 올랐고, 얼마 뒤 강홍립이 사신으로 찾아온다.

"패전한 뒤에 모진 목숨 죽지 못하고 오랑캐에 함몰되어 있은 지가 지금 이미 9년이 되었는데, 다시 전하를 뵈니 말씀드릴 바를 모르겠습니다" 하였다. 상이 이르기를 "오랑캐의 정세가 어떠한가?" 하니, 홍립이 아뢰기를 "(중략) 신에게 묻기를 '중원이 우리와 원수진 것이 이미 깊은데도 선한先汗이 사망하고 신한新汗이 즉위한 것을 이유로 오히려 차인이 와서 경조慶弔의 예를 행하였는데, 조선은 어찌 사람을 보내지 않았는가' 하기에 신이 답하기를 '우리나라가 당신 나라와 원수진 것이 없으

니 과연 들어서 알았다면 어찌 사람을 보내지 않았겠는가. 다만 모문룡
毛文龍에 의해 막혔기 때문에 미처 듣지 못한 성싶다' 하였습니다.

—《조선왕조실록》인조 5년, 1627년 2월 10일의 기록 중 발췌

인조는 강홍립을 보자마자 대뜸 후금에 대한 정보를 요구했다.
후금에 대해 가장 잘 아는 조선인은 강홍립이라는 걸 그 누구도 부
인할 수 없었던 상황. 강홍립은 그간의 사정과 후금의 실태 등 모든
정보를 인조 행정부에 전한다. 기록을 보면 알겠지만 강홍립은 포로
인 동시에 외교관의 모습으로 조선의 상황을 대변하기도 했다. 패닉
상태에 빠져 있던 인조 행정부에 강홍립은 화친하면 후금이 돌아갈
것이란 사실을 확인해줬다.

판단 자료조차 없었던 인조 행정부로서는 가뭄의 단비와도 같
은 정보였다. 결국 인조 행정부는 강홍립이 전해준 정세 자료를 믿
고 정묘조약을 체결한다. 강홍립의 말대로 화친 후 후금군은 철군

광해군 중립외교의 일등공신인
도원수 강홍립의 묘.

한다. 여기서 운명은 다시 한 번 강홍립을 배신하는데 후금군은 강홍립에게 선물 아닌 선물을 준다. 바로 포로 생활의 청산이다. 향도로서 또 사신으로서 활약한 강홍립에 대한 감사의 마음이었을 것이다. 그러나 이 선물은 강홍립에게 씻을 수 없는 상처로 돌아온다. 강홍립이 석방됐다는 소식을 듣자마자 조선 조정은 다시 한 번 강홍립을 죽여야 한다며 광분했지만, 다행스럽게도 인조가 이를 거부한다. 그렇게 강홍립의 목숨은 겨우 이어진 것 같았지만 귀국 후 몇 달 지나지 않아 병사하고 만다. 만리타향에서 10년간의 포로 생활, 그러면서 조국에 충성하기 위해 스파이로서의 삶을 살았지만 조정의 박대와 홀대가 스트레스로 작용한 것이다.

인조가 비록 범상한 군주이긴 하지만 광해군에게 넘겨받은 강홍립을 끝까지 지켜준 것은 군주가 어떤 자리인지를 알고 있었기에 가능한 선택이었다. 당대에는 역적의 오명을 뒤집어쓴 배신자였지만, 긴 역사로 본다면 강홍립은 조선을 사랑하고 군주에게 충성을 다한 충신이었다.

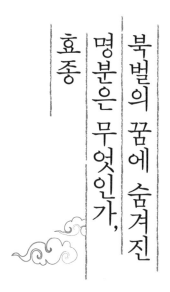

"이럴 때 우리는 국중의 자제를 뽑아 되놈의 옷을 입히고, 선비는 빈공과에 응시하여 합격시키고, 서민은 장사하게 하여 기회를 엿본 다음, 명나라의 황족이나 천하의 호걸을 황제로 추대하여 청나라를 친다면 대국의 스승이 되던가 제후국 중의 으뜸이 될 것이다."

우리가 교과서에서 익히 보아왔고 들어왔던 박지원朴趾源의 《허생전許生傳》 중 한 대목이다. 허생이 북벌대장 이완李浣을 상대로 계책을 말하는데 이완은 예법에 얽매인 사대부들이 허락할 리 없다며 거절한다. 박지원은 이를 통해 사대부들의 허상을 꼬집는다.

여기서 주목해야 할 것이 효종은 당연하게도 '북벌'을 꿈꿨다는 전제하에서 논리가 전개됐다는 점이다. 이완이 허생에게 계책을 의

논한 걸 보면 실질적으로 북벌에 대한 의지가 없었던 건 아니다. 말 그대로 진짜 북벌을 꿈꿨느냐는 것이다.

후대의 사람들은 당연하단 듯 '효종=북벌'이란 공식을 말하지만, 과연 북벌 준비를 하긴 했을까? 물론 역사상으로는 그런 기록들이 보인다.

"선왕께서는 일찍이 하교하시기를 '만약 10만 정병精兵이 있다면 천하에 대의를 펼 수 있다. 예로부터 임금이 온갖 어려움을 겪은 뒤에야 중흥하는 업적을 이룰 수 있었다. 그러고 보면 내가 지난날 연경燕京과 심양瀋陽에서 고통을 당한 것도 어쩌면 하늘의 뜻이었는지도 모른다' 하셨습니다."

—《조선왕조실록》 현종개수실록 즉위년, 1659년 11월 1일 기록 중 발췌

송시열宋時烈과 함께 양송兩宋으로 불리던 송준길宋浚吉의 발언이다. 북벌에 대한 공식적인 계획이 나온 기록이다. 10만 정병이면 청나라와 싸울 수 있다는 구체적인 숫자까지 나온다. 그런데 송준길의 이 발언은 현종 때야 나왔다.

효종은 북벌을 꿈꿨는가?

효종 때에는 '북벌'에 대한 구체적인 기록이나 발언이 나오지 않는데 청나라의 감시하에서 섣불리 북벌을 말할 수 없었다는 걸 염

두에 둔다면 이해할 수 있을 것이다. 그렇지만 사대부들 사이에서는 공공연하게 효종이 북벌을 준비한다는 이야기가 나돌았고, 효종 자신도 복수를 다짐하며 국방력 강화에 힘썼던 모습을 확인할 수 있다. 이 모든 것이 합쳐져 효종은 북벌을 주장한 군주의 모습으로 후대에 각인됐다. 효종이 북벌을 추진했다는 증거들을 정리해보면 다음 세 가지가 있다.

첫째, 국방력 강화
둘째, 김자점金自點을 비롯한 친청파 제거
셋째, 산림의 영수이자 서인세력의 정신적 지주였던 송시열과의 독대

다시 하나씩 살펴보자. 첫째, 효종 시절 국방력을 강화한 것은 사실이지만 그 성격에 대해선 다시 확인해봐야 한다.

① 중앙군 병력을 금군 천 명, 어영청 2만 명, 훈련도감 1만 명으로 증강. 금군의 완전 기병화 추진, 어영청에 기병대인 별마대와 포병대인 별파진 신설. 이완을 어영대장 훈련대장으로 임명. 중앙군의 정예화 추진

② 강화도 연안에 보루와 진 설치, 북로 요충지에 성 구축, 남한산성에 군량미 비축, 화포와 화약 생산에 박차를 가해 각 성에 배치

③ 유명무실했던 영장제를 강화해 각 지방에 영장 파견, 직접 속오군을 지휘하게 함으로써 지방 군사력 재정비

④ 능마아청을 설치해 무장들에게 군사학 강의

⑤ 하멜을 통해 조총 제작

⑥ 이완, 유혁연柳赫然 등 무신 파격적 중용

이런 정책적 노력과 더불어 효종은 개인적인 열의도 보였다. 능행 길에는 반드시 열무閱武와 같은 군사훈련을 했고, 군사 운영에 있어서 척후斥候와 같은 정보 활동의 중요성을 강조했으며, 조선 시대 군복이라 할 수 있는 융복戎服 개량에 대해서도 언급했다. 이렇게 죽 나열해보면 효종이 북벌을 준비한 것이 사실이라는 확신이 들지만 또 하나씩 자세히 살펴보면 의문이 든다.

중앙군 병력을 확충하고 금군 병력을 600여 명에서 천 명으로 늘린 건 북벌이라기보다는 왕권 강화에 의미를 둔 행보라 볼 수 있다. 중앙군인 어영청과 훈련도감 병력을 늘린 것도 정조 시대 장용영을 만들어 신하들을 압박했던 모습을 떠올리면 된다. 그러나 어영청과 훈련도감 병력을 확충하고자 했던 계획은 빈약한 재정상태 때문에 실현되진 않았다.

강화도와 북로 요충지에 성을 쌓고 남한산성을 근거지로 한 수어청의 정비는 효종의 군사력 강화가 무엇을 목적으로 했는지를 확인할 수 있는 명백한 증거다. 청나라 침공 시 시간을 벌고, 강화도와 남한산성을 보강해 장기전을 대비한 것이다. 삼전도의 치욕을 기억하고 있는 효종으로서는 남한산성에 군량미를 비축하고 수비를 강화한 것은 어쩌면 당연한 조치였다. 강화도의 수비 강화도 같은 맥락에서다. 병자호란 당시 인조는 관례대로 강화도로 피신하려 했지만 길이 막혀 남한산성으로 몽진 길을 틀었다. 강화도로 무사히 들어갔다면 양상은 달라졌을지도 모른다. 한마디로 말해서 수비적인 방비지 공세적인 북벌을 계획한 느낌은 아니다.

영장제를 강화한 것과 능마아청을 설치한 것은 좀 다른 관점에서 봐야 하는데 임진왜란을 겪으면서 조선의 군제는 중앙군은 훈련도감을, 지방군은 속오군을 중심으로 재편됐다. 속오군은 영장을 중심으로 하나의 영을 편성했는데 병력은 각 지방의 주민들로 이루어졌다. 오늘날로 치자면 예비군이나 상근예비역 정도로 생각하면 될 것이다. 평상시에는 농사를 짓고 겨울철 농한기에 속오군으로 소집돼 훈련을 했다.

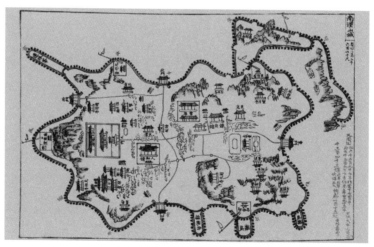

〈남한산성도〉 | 남한산성은 17세기 임진왜란과 병자호란을 거치며 취약한 부분을 보강하였다. 17세기 말경 제작된 《고지도첩》에 실려 있다.

인조 5년부터 이 속오군의 조직과 훈련을 위해 전담영장제가 시행됐는데 권력을 빼앗긴 지방 수령의 반발과 무신의 부족, 재정부족 등을 겪으면서 유명무실화된 것을 효종이 재건했다. 하지만 이를 가지고 북벌 준비를 했다고 보긴 어렵다. 속오군의 경우는 국가에서 급여를 주지도 않았을뿐더러 중앙군과 비교하면 장비나 훈련 상태가 열악했다. 효종이 이 속오군을 재편해 북정군을 편성한 게 아니라 50여 년간 두 번의 큰 전쟁을 치르는 통에 붕괴된 군제를 재건했다고 보는 편이 맞다. 나라 꼴이 말이 아니었던 상황에서 정상으로 돌아가려 발버둥쳤던 것이다.

무장들에게 병학을 가르치는 능마아청 또한 이미 인조 시절에 만들어졌으나 그동안의 난리 통에 제대로 운영되지 못했던 걸 효종 시절 정상화시킨 것이라 보면 된다. 이는 당시 무장들의 상황을 보면 당연한 조치였다.

> 좌별장의 초군 정시영鄭時英이 먼저 말을 출발시켜 뽑지 않아야 할 기를 뽑으니 상이 노하여 이르기를 "이 군졸이 군령을 따르지 않은 것이 이러하니 죽여도 아까울 것이 없다" 하였다.
>
> —《조선왕조실록》 효종 6년, 1655년 3월 27일의 기록 중 발췌

명종과 인순왕후의 능인 강릉康陵에 제사 지내고 돌아오던 길에 군사훈련을 했는데 상 받을 욕심에 하급 군관이 부정 출발을 한 것이다. 그것도 한 번이 아니라 여러 번 반복해서 말이다. 그때마다 효

종이 이를 나무랐지만 임금의 명은 제대로 서지 않았다. 이에 효종은 이 기록에 나온 정시영의 목을 효시하라 명한다. 왕의 명령도 우습게 여기는 상태였기에 효종은 군관들을 재교육해야 할 필요성을 절실히 느꼈다. 즉 이때까지 보여준 효종의 군비 확충과 재정비는 이미 무너져 내린 조선의 군제를 바로 세우자는 것이었지 북벌과는 거리가 먼 행보였다.

하멜을 불러 조총의 성능 개량을 명한 게 있지 않느냐고 주장할 수도 있겠지만, 하멜 일행이 훈련도감의 조총 개발에 참여했다는 명확한 사료도 없을뿐더러, 개량형 조총이 만들어졌던 1656년 7월에는 이들은 이미 전라도로 유배된 상황이었다.

이완의 경우에도 무신으로서는 드물게 동부승지 자리에까지 올랐다는 점에 주목을 받았지만, 그 발탁의 전후 사정을 살펴봐야 한다. 문제 속에 답이 있다고 해야 할까? 그의 경력을 살펴보면 해답을 유추해볼 수 있다.

어영대장으로 있으면서 중앙군을 훈련시키던 도중 김자점의 모반사건을 해결하기 위해 포도대장을 겸하게 한 것과 공신이나 외척만 임명되던 훈련대장 자리에 관례를 깨고 이완을 앉힌 건 자신의 즉위에 의문을 지녔던 문신세력 대신 무신세력을 친위세력으로 키우겠다는 효종의 의중이 들어간 인사다. 즉 북벌보다는 자신의 권력을 공고히 한 것이다.

독살음모의 수혜자

효종의 10년 정치 인생을 압축시켜 보여주는 사건이 《조선왕조실록》에 남아 있다. 어쩌면 효종이 북벌을 생각하게 된 계기라 볼 수도 있고 인조와 소현세자, 효종의 관계를 설명해주는 기록일 수도 있다.

이때 왕세자가 앓아오던 감기가 오랫동안 낫지 않아서 여러 의관이 약 처방을 의논하였으나 모두 효과가 없자, 상이 이형익李馨益에게 진맥하라고 명하였는데 형익이 아뢰기를 "이 병은 사질邪疾이므로 사기를 다스리는 혈穴에다 침을 놓아야 합니다" 하니, 상이 세자에게 명하여 형익에게 침을 맞으라고 하자 세자가 거절하며 아뢰기를 "이것은 감기입니다. 이것이 어찌 사질이겠습니까" 하였다. 상이 다시 강권하였으나 세자가 그것이 아니라고 극력 진술하고 끝까지 침을 맞지 않았는데, 얼마 안 가서 바로 나았다.

　　　　　　　　　　—《조선왕조실록》 인조 23년, 1645년 11월 3일의 기록 중 발췌

효종이 세자 시절 감기에 걸렸는데 인조가 자신이 총애하던 이형익에게 침을 맞으라고 한 것이다. 당황한 효종은 침을 맞지 않겠다며 끝까지 버텼고, 결국 효종은 자신의 병이 감기임을 증명해낸다. 도대체 이형익이 누구길래 효종은 이리 완강히 치료를 거부한 것일까?

이형익은 지방의 침의鍼醫로 활동하다가 인조 10년 입궁해 번침燔鍼으로 인조의 총애를 얻은 자다. 여기까지는 일반적인 이야기지

만 이다음부터가 문제였다. 이형익은 소현세자 독살설의 핵심 인물로 지목된 사람이다. 9년간 청나라에 볼모로 끌려갔다가 돌아온 소현세자는 귀국 후 두 달 만에 갑자기 사망한다. 너무도 급작스러운 죽음 앞에 세인들은 인조의 총애를 받던 소용 조 씨가 이형익을 시켜 소현세자를 독살했으리라 의심한다. 효종은 이런 이형익에게 침을 맞고 싶지 않았던 것이다.

효종에게 있어서 이형익은 애증의 대상이었을지도 모른다. 세간의 의심이 맞다면 이형익은 자신의 형을 죽인 원수이지만, 그 덕분에 왕위에 오를 수 있었으니 은인인 것이다. 그리고 이 독살음모의 수혜자로서 효종은 늘 부채의식과 정당성 확보에 대한 갈증을 느꼈다.

당시의 정치 지형도를 살펴보면 이해가 빠를 것이다. 인조 생전에 조정에서 권력을 잡고 있었던 것은 김자점 일파였다. 김자점은 청나라 사신과 역관 정명수鄭命壽 등과 결탁하여 청나라를 등에 업고 권력을 잡는다. 세간에서는 소현세자의 죽음에 김자점의 입김이 컸다는 말도 있을 정도였다. 문제는 효종이 즉위한 이후다. 김자점은 효종의 대권 승계를 지지한 거의 유일한 인물이었다.

산림을 중심으로 한 서인세력들은 효종의 즉위에 의문을 가졌다. 소현세자의 죽음과 뒤이은 강빈 옥사(姜嬪獄事, 소현세자빈 강 씨를 인조가 죽인 사건)에 대해 의구심을 표했다. 백 보 양보해 소현세자는 자연사했고, 강빈의 경우도 인조의 말처럼 인조를 죽이려 했고 저주했다 하더라도 후계구도는 분명 잘못됐다는 것이다. 소현세자에게는 세 아들이 있었기에 원칙대로라면 소현세자의 큰아들인 석철이 왕위를 이어받았어야 했다. 원칙과 명분을 우선시하는 산림의 선비들은 효종의 왕통 승계에 싸늘한 시선을 보냈고, 이런 분위기는 효종 재위 중반대까지도 계속 이어졌다.

"지금 강姜의 일문一門이 죽음을 당한 것은 단지 한 지어미의 원한이 맺힌 정도일 뿐만이 아니고 외로운 신하가 통곡한 것보다도 더하니 화기和氣를 손상시켜 재앙을 불러온 것이 괴이할 것도 없습니다. 지금 조정신하 중에 누군들 이 옥사가 매우 원통하다는 사실을 모르겠습니까마는 입을 다물고 감히 분명하게 말할 수 없는 것은 자기 몸을 아껴서입니다."

—《조선왕조실록》효종 5년, 1654년 7월 7일의 기록 중 발췌

효종 5년에 재변이 발생하자 효종은 널리 구언求言 전지를 내린다. 이때 황해감사 김홍욱金弘郁이 재변의 원인을 강빈 옥사와 연결시켜 강빈이 억울하게 죽어서 지금의 재변이 벌어졌다는 상소를 올린 것이다. 효종의 정통성을 전면으로 부정한 상소였다. 효종은 분노했고 김홍욱은 형장의 이슬로 사라진다.

북벌을 정권의 기치로 내걸고
여론을 만들던 산림세력이 조정에 출사하면서부터 효종은 복잡한 정치적 계산을 해야 했다. 산림의 거두인 양송 송시열과 송준길

의 마음을 잡고 지지를 얻어내야지만 왕권을 지킬 수 있다는 판단을 내린 것이다. 그런 이유에서 조정 내에서 자신의 정통성과 왕위 승계를 거의 유일하게 지지했던 김자점을 버려야 했다. 김자점은 친청파였다. 명분과 의리, 예의를 중시하던 산림세력들은 곧 죽어도 반청이었다.

공자의 정치사상을 단 한마디로 정의하자면 정명正名이다. 공자에게 있어서 정치란 곧 명분이었다. 명분을 바로 잡는 게 정치의 시작인 것이다. 효종은 공자의 가르침을 따르기로 했다.

"복수설치復讎雪恥." 청나라에 당한 수치를 복수하고 설욕하겠다는 선언! 바로 북벌을 정권의 기치로 내걸었다. 척화斥和를 주장하고, 반청의 기치 아래 청나라에 대한 복수를 거론하는 사대부들의 '명분론'에 부응하기로 한 것이다. 아니, 한 발 더 나갔다는 게 맞을 것이다. 사대부들의 반청과 복수설치는 어디까지나 말뿐인 명분론이었다. 그들도 조선이 청나라에 복수를 한다는 건 어불성설이란 걸 누구보다 잘 알고 있었다. 이런 그들 앞에 진짜 복수를 원하는 효종이 나타난 것이다. 최소한 명분론 앞에서 효종에게 딴지를 걸 사대부가 조선 팔도 안에는 없었다.

거기에 효종은 다방면으로 엄청나게 노력했다. 북벌을 제외한 일반적인 군주로서 평가한다면 효종은 평균 이상의 성적을 냈다. 생활태도 면에서 어디 한 군데 꼬투리를 잡을 거리가 없었다. 경연에도 열심히 임했고, 옷차림 하나에도 검소함이 묻어났으며, 세자 때 끊은 술은 죽는 그 순간까지도 입에 대지 않았다. 여색을 밝힌 것도 아니었고 유흥을 즐기지도 않았다. 무인의 기질이 강해서 욱하는 성격이 있었지만 신하들과 종친들에게는 관용으로 대했다. 자신의 정통성에 치명적인 약점이 되는 소현세자의 셋째 아들 석견에게도 관용적인 모습을 보여줬으며, 김자점이 왕으로 추대하려 했던 숭선군 이징李澂조차도 죽이지 않았다. 성리학적 관점에서 꼬투리 잡힐 행동은 일절 하지 않았다. 수신제가修身齊家 이후에 치국평천하治國平天下라고 했던가? 효종은 송시열이 말한 수신修身에 있어서만은 역대 왕들을 능가하는 모습을 보여줬다.

정치적으로도 평균 이상의 성적을 거뒀다. 대동법大同法을 확대시켜 백성들의 생활을 안정시키려 노력했고, 부임하는 지방관들을 꼭 접견해 지방에서 해야 할 임무를 주지시켰고, 이도 못 미더웠는지 수시로 암행어사를 파견해 지방관들의 횡포를 제어하려 애썼다.

금욕적이라고 해야 할까? 아니면 부채의식 때문이었을까? 아마도 효종에게는 어떤 강박이 있었던 듯하다. 그 강박의 이름은 소현세자였다. 조정 안팎으로 신망을 얻었던 소현세자의 그림자를 떨쳐내기 위해, 그리고 임금이 될 수 없었던 자신이 임금의 자리에 앉은 것에 대한 명분을 확보하기 위해 효종은 금욕주의적인 생활과 함께 '북벌'을 내세웠다.

10만 포병을 키워 북벌에 나서자!

독대獨對란 승지와 사관을 물리친 상태에서 임금과 신하 둘이 만나 대화를 하는 것으로서 조선 시대에는 극히 이례적인 일이었다. 독대를 하는 순간 밀실정치가 시작된다는 걱정 때문이었다. 그래서 조선 시대 독대는 극히 이례적이고 파격적인 일로 다뤄졌다. 역사상 가장 유명한 독대는 숙종 43년(1717년)에 숙종과 노론 중신 이이명李頤命 사이에 있었던 정유독대와 지금 말할 효종 10년(1659년) 효종과 송시열 사이에 있었던 기해독대다.

효종은 산림의 영수였던 양송을 조정에 데려오기 위해 애썼다. 먼저 움직인 것은 송준길이었다. 얼마 뒤 송시열도 조정으로 올라온다. 거의 9년 가까이 이들 양송을 데려오기 위해 애썼던 효종으로서는 쌍수를 들고 환영할 일이었다. 재야에서 산림을 쥐락펴락하던 두 거두가 효종 옆으로 왔으니 이제 효종은 북벌의 기치를 높이 치켜들 일만 남은 것이었다. 효종은 송시열과 송준길에게 전권을 주다시피 했고, 이들 말이라면 껌벅 죽는시늉까지 할 정도였다. 북벌에는 이들의 지원이 절대적으로 필요했다. 아니, 그 이상이었다. 부족한 왕위의 정당성을 단번에 채워줄 뿐만 아니라 여론을 자신의 편으로 끌어올 수 있었다.

문제는 이렇게 어렵게 모셔온 송시열과 송준길이 자다가 봉창 두드리는 소리만 했다는 것이다.

"신은 듣건대 엊그제 경연 석상에서 분부하시기를 '오늘날 씻기 어려운 수치가 있는데, 신하들은 이런 것은 생각지 않고 언제나 나에게 몸을 닦으라고만 권하고 있다. 이 수치를 씻지 못하고 있는데 몸을 닦는 것이 무슨 소용이 있겠는가' 하셨다 합니다. 과연 전한 자의 말대로라면 신은 상의 학문이 미진한 바가 있는 듯합니다."

—《조선왕조실록》효종 9년, 1658년 9월 1일의 기록 중 발췌

송시열은 북벌을 에둘러 표현하는 효종 앞에서 수기치인修己治人을 말했다. 유교의 핵심 사상이 바로 수기치인이다. 자기 자신의 수양에 힘쓰고 이를 바탕으로 천하를 다스리는 것이 유교다. 옳은 말이지만 관념적이다. 효종 입장에서는 답답했을 것이다. 실제로 북벌을 준비했든지, 아니면 단순히 통치의 일환으로 북벌 분위기를 조성했든지 간에 기껏 고개를 숙이고 데려온 이가 한가롭게 수신하라는 말만 하고 있으니 앞이 막막했다. 송시열이 출사하기 직전 효종에게 보낸 상소와 십여 권의 별첨 시무책을 보면 현실정치와는 동떨어진 이야기가 대부분이었다. 마음을 닦고, 공부에 힘쓰며, 검약하라는 도덕 교과서에나 나올 법한 이야기로 가득 차 있었다. 현실정치인으로서는 낙제점에 가깝다고 해야 할까? 그러나 그는 송시열이었다. 그가 효종 옆에 있다는 사실 하나만으로도 효종의 행보에 힘이 실릴 수밖에 없었다.

이런 뜬구름 잡는 소리를 하는 송시열을 붙잡고 효종은 독대를 한다. 바로 기해독대다. 훗날 서인세력들은 이 기해독대를 증거로 내밀며 효종과 송시열이 의기투합해 북벌이란 큰 뜻을 세웠지만 안타깝게도 효종이 급작스럽게 죽는 바람에 대의를 펼치지 못했다고 주장한다. 대다수의 사람은 이런 주장을 믿었다. 그러나 그 진의를 의

북벌계획을 주도한 효종이 중국으로 가는 송시열에게 만주의 추위를 걱정하며
내린 방한복. 담비로 만들었다.

심해봐야 할 두 가지 시기상의 문제가 있다. 첫째, 기해독대를 한 시기의 문제, 둘째, 기해독대 내용을 공개한 시기의 문제다.

기해독대는 효종 10년에 있었다. 송시열이 조정에 나온 때가 효종 9년 7월의 일이었는데 효종은 재위 10년 만에 죽는다. 송시열과 효종이 얼굴을 맞댄 시간은 고작 10개월 남짓이란 소리다. 효종은 즉위 초부터 산림의 영수인 송시열에게 구애의 몸짓을 보냈고, 효종이 북벌을 원한다는 걸 송시열도 알고 있었다. 그런데도 송시열은 출사하지 않고 간을 봤다. 송시열이 그의 말처럼 북벌에 뜻이 있었다면 바로 출사했어야 했다. 산림의 영수인 그는 늘 청나라에 대한 복수를 말해왔다. 그런 그가 효종의 부름에 나서지 않았던 이유는 그 자신도 북벌은 가망성이 없다고 판단을 내렸든가, 효종이 북벌을 명분으로 산림과 조정을 압박하려는 게 아닌가 하는 판단을 내렸을 공산이 크다. 아니면 둘 다일 수도 있다.

기해독대의 내용을 공개한 시기도 문제다.

독대란 임금과 신하 단둘이 나눈 대화이기에 둘 중 한 명이 공개하기 전에는 아무도 그 내용을 알 수 없다. 기해독대에 대한 공식 기록도 없다. 우리가 그 내용을 알게 된 건 송시열이 이를 공개했기 때문이다. 그의 시문집을 모아놓은 《송서습유宋書拾遺》 중 〈악대설화 幄對說話〉란 제목으로 전해지는데 문제는 독대의 내용을 내놓은 시기다.

바로 효종 사후 16년이 지난 숙종 1년 때로 예송논쟁 때문에 남인으로부터 송시열이 공격받던 시절이다. 예송의 핵심은 효종이 맏아들이냐 아니냐를 놓고 인조의 계비인 자의대비가 상복을 몇 년 입느냐로 싸운 사건이다. 지금의 시선으론 말도 안 되는 싸움 같겠지만 이는 효종의 정통성과 맞닿은 논란이었다. 송시열은 효종이 장자가 아니니 1년만 상복을 입어도 된다는 주장을 했는데 이 과정에서 나온 말이 그 유명한 체이부정體而不正이다. 이는 효종뿐만 아니라 현종의 정통성까지 부정하는 내용이었다. 이 때문에 송시열은 유배를 가게 됐고 남인들로부터 계속해서 공격을 받는다. 효종이 그렇게나 송시열을 아꼈는데 결국 효종의 정통성을 부정하는 파렴치한으로 매도되자 송시열은 기해독대의 내용을 공개한 것이다. 효종에게 충성을 다했다는 걸 보여주기 위해서다.

그 내용은 10년을 기한으로 삼아 10만 포병을 키워 북벌에 나서자는 것이 핵심이다. 우리가 알고 있는 북벌을 주장한 효종의 이미지는 바로 이 기해독대에서 나왔다. 문제는 독대 내용을 알고 있었던 건 송시열뿐이기에 그 진위는 송시열의 양심을 믿을 수밖에 없다는 것이다. 그러나 시기의 미묘함을 고려한다면 이를 곧이곧대로 믿기에는 미심쩍은 구석이 많다.

효종이 북벌을 꿈꿨는지에 대한 진실은 오로지 효종 혼자만이 알고 있다. 다만 지금의 시점으로 예측해본다면 그럴지라도 준비과정에서 포기했으리라는 것이다. 가뜩이나 가난한 나라인 조선은 50여 년 사이에 동북아를 휩쓴 두 번의 큰 전쟁을 치르느라 극도로 빈곤해졌다. 국가체제를 유지하기도 힘들 정도로 경제, 사회질서가 무너진 상태였기에 10만 정병을 양성시킬 여력이 없었다.

또한 효종의 무리한 행보도 생각해봐야 한다. 효종은 농번기 때에는 백성들의 군역을 피한다는 관례를 깨고 축성을 위한 부역과 훈련을 시키는 통에 농업 생산량은 더 떨어졌고, 군비 확충에 필요한 동철 확보를 위해 상평통보의 주조와 유통을 반대하기까지 했었다. 효종의 말대로 10년 기한 동안 정예 포병 10만 명을 양성했다 하더라도 전쟁 기간 중 이들의 군량을 충원할 방도가 요원했다.

조선은 너무 가난했다. 이를 극복하기 위해서는 국가의 뿌리부터 갈아엎는 개혁이 필요했지만, 이를 받아들일 사대부는 아무도 없었다. 이미 사대부들도, 효종도 알고 있던 사실이었다. 북벌은 탁자 위에서만 가능한 계획이었다. 하지만 이 북벌의 기치를 높이 들고 있는 동안 자신의 부족한 정통성을 보완할 수 있고, 왕권을 강화할 수 있다는 것 또한 효종은 확실히 알고 있었다.

실록에서 찾아낸

싸움의 뒷이야기

독도 지킴이 안용복과
10인의 용사

혹시 2월 22일이 무슨 날인지 아는가? 일본 시마네 현이 섬 하나를 자신의 영토로 편입시킨 걸 기념하는 날이다. 그 섬의 이름은 다케시마, 바로 죽도다. 1905년 2월 22일 일본 시마네 현으로 '죽도'란 섬이 편입됐다는 걸 기념한다는 취지인데 문제는 그 죽도의 위치가 어디냐는 것이다. 말장난하는 것 같은가? 말장난이 아니다. 21세기를 살아가는 일본 사람들은 죽도가 동경 131도, 북위 37도에 위치해 있는 대한민국 영토 '독도'의 일본명이라고 주장하는데 여기서 혼선이 빚어지고 있다. 일본인들도 죽도가 어디 있는지조차 자신 없어 한다.

1894년 일본 시마네 현의 지방지인 〈산인 신문〉의 울릉도 탐방기 제목이 〈조선 죽도 탐방기〉였다. 1894년까지만 하더라도 일본에서는 울릉도를 죽도(竹島, 다케시마)라고 불렀다. 그럼 독도는 뭐라고 불렀을까? 바로 송도(松島, 마츠시마)다. 그런데 1905년 2월 22일 생뚱맞은 짓을 한다.

오키의 신도는 북위 37도 9분 3초 동경 131도 55분에 있으며, 오키 섬으로부터 서북 85해리의 거리에 떨어져 있다. 이 섬을 죽도라고 칭하고 지금부터 오키도사(오키 섬의 행정책임자)의 소관으로 정한다고 현 지사가 고시했다.

— 1905년 2월 24일 〈산인신문〉 내용 중 발췌

조금 전까지 울릉도를 죽도라 부르더니 이제 와선 독도를 죽도라고 하는 것이다. 더 웃긴 건 이때부터 울릉도를 송도라 했다는 점이다. 뭔가 이상하지 않은가? 19세기 말까지는 죽도를 송도로, 송도를 죽도로 부르던 이들이 20세기가 되자 송도를 죽도로, 죽도를 송도라고 했다. 더 헷갈리는 건 조선 시대 일본인들은 죽도란 환상의 섬을 만들어냈다는 것이다. 장난같이 들리지만 실제로 있었던 일이다.

울릉도도 있고 독도도 있는데 여기에 죽도라는 제3의 섬을 만들어낸 것이다. 농반진반으로 죽도가 일본인들에게만 보이는 섬이라는 말이 괜히 나온 게 아니다. 문제는 자기들끼리 환상의 섬을 만들어서 즐기면 되는데 이를 조선 사람들에게도 보여주겠다고 덤빈 거였다. 그것도 공식적인 외교 루트를 통해서 말이다. 과연 일본인들이 말하는 그 환상의 섬 죽도는 어디에 있는 걸까?

버릴 거면 우리 주면 안 돼요?

조선 시대 간행된 각종 사료에는 동해 한가운데 울릉도와 독도가 있고 이 섬이 우리의 영토란 사실이 명시돼 있다. 《세종실록지리지》에 보면 울진현 동쪽 바다에 울릉도와 독도 두 섬이 표시되어 있으며, 16세기에 나온 《동국여지승람》에도 울릉도와 우산도가 나온다. 지증왕 때까지 거슬러 올라갈 것도 없다. 조선 시대 사료만 대충 훑어봐도 두 섬이 조선의 영토란 사실을 명명백백하게 확인할 수 있다.

문제는 일본 쪽에서 그 '환상의 섬 죽도'가 울릉도와 독도 사이 어딘가에 존재한다고 주장하는 것이다. 우리가 모르는 사이 동해 해저에서 어떤 지각변동이라도 있었던 것일까?

우선 죽도란 말이 어떻게 나왔는지부터 살펴봐야겠다. 조선 시대 일본인들이 죽도라 불렀던 섬은 울릉도다. 울릉도에 대나무가 많이 나기 때문에 이를 빗대어 죽도라 한 것이다. 문제는 울릉도를 바라보는 조선과 일본의 시선에 온도 차가 있었다는 점이다. 조선인들이 보기에 울릉도는 계륵과도 같은 존재였는데 버리자니 아깝고 그렇다고 먹자니 별로 먹을 게 없다는 거였다. 《세종실록지리지》에 보면 "그 땅을 비워두는 게 낫다"란 구절이 나온다. 왜 그럴까? 크게 두 가지 이유가 있는데 첫째, 조선 초 극심했던 왜구의 노략질과 둘째, 범죄자들의 도피처였다는 점이다.

고려 말부터 극심해진 왜구의 노략질은 조선이 개국하고 나서도 좀처럼 가라앉을 기미를 보이지 않았다. 이런 상황에서 본토 방어만으로도 힘겨운 군대를 쪼개 울릉도까지 챙기는 것은 여의치 않았다. 아울러 본토에서 죄를 짓거나 군역을 피하기 위해 울릉도로 잠깐 피신해 가거나 아예 거기 정착하는 이들이 등장한다. 소도蘇塗라고 해야 할까? 상황이 이렇게 되자 조정에서는 울릉도를 아예 비워두자는 의견이 나왔고, 이를 정책적으로 발전시켜 공도空島정책이란 게 나온다.

> "쇄출刷出하는 계책이 옳다. 저 사람들은 일찍이 요역搖役을 피하여 편안히 살아왔다. 만약 토공土貢을 정하고 주수主帥를 둔다면 저들은 반드시 싫어할 것이니, 그들을 오래 머물러 있게 할 수 없다. 김인우金麟雨를 그대로 안무사按撫使로 삼아 도로 우산于山 무릉武陵 등지에 들어가 그곳 주민을 거느리고 육지로 나오게 함이 마땅하다."
>
> ─《조선왕조실록》태종 17년, 1417년 2월 8일의 기록 중 발췌

당시 김인우가 보고한 울릉도의 총 인구 수는 86명이었는데 우선 그중 3명만 데려온다. 이 한 번의 출장을 위해 김인우는 목숨을 걸어야 했는데 돌아오는 길에 두 번이나 태풍을 만났기 때문이다. 가는 길도 험하고, 백성이 백 명도 채 안 되는 상황! 게다가 툭하면 섬으로 도망가는 범죄자들을 생각하면 당시로써는 섬을 비워두는 것이 최상의 선택이었다.

물론 오래 비워두면 엉뚱한 이들이 찾아와 권리를 주장할 수 있기에 그에 대한 대비책을 세워야 했다. 태종이 그런 면에서는 빈틈

이 없었는데 섬을 비워두되 가끔 관리를 보내 관리하고 조선의 영토가 분명하다는 의지를 표명하는 수토제를 쓴 것이다.

왜 그런 번거로운 제도를 택했을까? 안 그랬다간 일본이 이 섬을 차지할 것이란 두려움 때문이었다. 이러한 두려움에는 근거가 있다. 태종 7년 3월 16일 대마도에서 사신이 찾아온다. 이 사신의 말이 울릉도에 대마도인을 이주시키고 이들을 대마도주가 다스리려고 하는데 어떻게 생각하느냐는 것이었다. 태종은 일언지하에 이 제안을 거절한다. 이 대목에서 궁금한 건 당시 대마도주는 왜 울릉도에 집착했느냐는 점이다. 조선인의 관점으로는 울릉도가 별거 아닌 것처럼 보였지만 궁핍하기로 유명했던 대마도인들에게 울릉도는 환상의 섬이었다. 비옥한 농토는 농사짓기에 안성맞춤이었고 향나무와 느티나무, 대나무 등 목재도 넉넉했다.

결정적으로 울릉도와 독도 사이에는 말 그대로 황금어장이 있었으며 잡히는 물고기 종류도 다양했고 그 양도 엄청났다. 여기에 덤으로 하나 더, 대마도에서 울릉도까지 가는 길이 수월했다. 거리상은 멀어 보이지만 대마도 앞바다의 해류를 타면 울릉도까지 쉽게 갈 수 있었다. 이러다 보니 대마도에서는 호시탐탐 울릉도를 노렸다. 이런 사정을 알고 있었던 태종은 울릉도를 비워두더라도 수시로 관리를 파견해 우리 영토임을 확인해야 한다고 판단했고, 이를 실천에 옮겼다.

문제는 정책 결정과 실행이 따로 놀았다는 점이다. 일본이 본격적으로 환상의 섬 죽도를 주장하던 숙종 시절에는 3년에 한 번씩 수

토를 하는 걸 원칙으로 했지만 이는 제대로 지켜지지 않았다. 앞에서도 말했지만 울릉도에 갈 때마다 목숨을 걸어야 했기에 담당 지방관들은 흉년이 들었다느니, 태풍이 왔다느니 하면서 핑계를 대면서 자기 목숨 챙기기에 급급했다. 결국 울릉도 앞바다에서는 조선 어부들과 일본인 어부들 사이에서 빈번하게 충돌이 일어난다. 일본 어부들이 시시때때로 우리 어장을 침범해 마치 자기 바다인 것처럼 행세하는 지경에까지 이르렀다. 울릉도의 상황은 더 심각했는데 섬의 목재를 일본인들이 거의 모두 베어 간 상태였다. 이런 상황에서 대마도주는 더 황당한 요구를 한다.

"울릉도에 왜노倭奴의 왕래를 금지하라는 뜻으로 전일 예조의 서계書啓 가운데 이미 사리에 근거하여 회유回諭하였습니다. 그런데 지금 대마도의 왜인이 아직도 울릉도에 와서 살고 싶어 하여 또 서계를 보내었으니 자못 놀랍습니다. (중략) 이 일을 회답하는 서계 가운데 갖추어 기재하고 의리에 의거하여 깊이 꾸짖어서 간사하고 교활한 꾀를 막는 것이 편리하고 유익할 듯합니다."

—《조선왕조실록》광해 6년, 1614년 9월 2일의 기록 중 발췌

비변사가 광해군에게 보고한 내용이다. 대마도주가 다시 한 번 울릉도로 이주해서 살면 안 되겠느냐고 서계를 올린 것이다. 게다가 울릉도를 탐견하고 싶은데 큰바람을 만날까 두려워서 그러니 길 안내를 해주면 안 되겠느냐는 내용도 포함돼 있었다. 이에 우리 조정

은 울릉도는 조선 땅이니 왜인은 들어올 수 없다며 강력히 경고했고, 추후 왜인들의 왕래가 발견되면 엄중히 문책하겠다고 강경 대응을 한다. 하지만 현실적으로 울릉도를 관리하기엔 역부족인 상황이었다. 그렇게 대마도와 일본은 호시탐탐 울릉도를 삼킬 기회만을 엿봤다. 이때 등장한 인물이 바로 안용복安龍福이다.

환상의 섬 프로젝트

독도를 이야기할 때 빠지지 않고 등장하는 인물이 바로 독도 지킴이 안용복이다. 그가 있었기에 울릉도와 독도를 침탈하려 했던 왜인들의 야욕을 막아낼 수 있었다. 이익李瀷은《성호사설星湖僿說》에서 안용복을 이렇게 평가하고 있다.

안용복은 영웅호걸이라고 생각한다. 미천한 군졸로서 죽음을 무릅쓰고 나라를 위해 강적과 겨뤄 간사한 마음을 꺾어버리고 여러 대를 끌어온 분쟁을 그치게 했으며 한 고을의 토지를 회복했으니, 영특한 사람이 아니면 할 수 없는 일이다. 그런데 조정에서는 포상하지 않았을 뿐만 아니라 앞서는 형벌을 내리고 나중에는 귀양을 보냈으니 참으로 애통한 일이다.
울릉도는 척박하다. 그러나 대마도는 한 조각의 농토도 없고 왜인의 소굴이 되어 역대로 우환이 되어왔는데, 울릉도를 한번 빼앗기면 이것은 대마도가 하나 더 생겨나는 것이니 앞으로의 앙화殃禍를 이루 말하겠는가.

우리 입장에서는 분명 영웅이며 나라를 위해 큰 공을 세운 인물이지만 일본 입장에서 안용복은 환상의 섬 죽도를 만들어낸 장본인이다. 안용복 덕분에 일본은 미지의 섬이자 환상의 섬인 죽도를 발견하게(?) 된다.

안용복에 대한 신상은 확실하게 정리된 게 없다. 그나마 가장 신빙성이 높은 정보는 그가 부산 동래부 좌천동 출신이고, 한때 경상좌수영에서 능로군으로 복무했던 경력이 있다는 정도다. 능로군이라 하면 전투용 배를 젓는 군졸을 말하는데 여기서 우리는 두 가지 사실을 추정할 수 있다. 첫째, 그는 일본인을 접할 기회가 많았던 덕분에 일본어를 구사할 수 있었고 둘째, 군 복무를 통해 조선의 관료체계를 알고 있었다.

좌천동은 일본 사신과 역관들이 드나들던 왜관과 가까웠다. 이 때문에 안용복은 일본어를 꽤 잘 구사했을 것이라는 추측을 할 수 있다. 대신 한자는 약했던 것 같은데 전남 순천順天이란 한자를 몰라서 가타카나로 표기하기도 했다. 여기에 능로군 복무 경험으로 관료체계에 대한 이해도 어느 정도 할 수 있었는데 그 덕분에 2차 도일渡日 때는 아주 멋진 사기(?)도 친다.

일본어를 구사할 줄 알고 약간의 군 경험이 전부인 어부가 어쩌다가 조선의 독도 지킴이가 됐을까? 역사는 반복된다고 해야 할까? 지금으로부터 3백여 년 전인 조선 숙종 시절 일본은 울릉도와 독도를 집어삼키려는 망상을 실천에 옮긴다. 이야기는 1618년까지 거슬러 올라가는데 임진왜란 직후 일본 오키 주(지금으로 치자면 일본 돗토리현이다)의 오타니 가문 사람들이 비어 있는 울릉도와 독도를 발견한다. 울릉도의 풍부한 어장과 향나무와 느티나무 등 훌륭한 목재를 본 이들은 이 섬에 반하고 만다. 오타니 가문 사람들은 울릉도와 독도에 나가 고기잡이를 할 수 있는 도해 면허권을 막부에 요청해 받는다. 그리고 근 80년간 아무 거리낌 없이 울릉도와 독도의 황금어장을 들쑤시고 다닌 것이다. 그러다 덜컥 사건이 터진다. 숙종 19년(1693년) 안용복이란 인물이 역사의 전면으로 튀어나온다. 당시의 상황을 연표로 정리해 살펴보자.

① 1693년 3월 안용복이 40명의 어부와 함께 울릉도로 전복을 채취하러 간다. 이때 고기잡이 중인 오타니 가문 사람들과 마주친다.

② 일본어를 할 줄 알았던 안용복은 왜 조선 땅에 들어와 고기잡이를 하느냐고 따졌지만 수적으로 열세였기에 결국 안용복과 박어둔朴於屯이 인질로 끌려간다.

③ 오타니 가문 사람들은 안용복의 처리를 고심하다 울릉도에서 가장 가까운 일본 지역인 오키 도로 데려가 오키도주에게 조사를 부탁한다. 이때 안용복이 자신의 주장을 피력한다. "난 부산 동래에서 온 조선 사람 안용복이다. 조선 사람이 조선 땅에서 고기잡이하는 게 죄인가?"라고 당당하게 말한다.

④ 오키도주는 난감할 수밖에 없었고, 결국 자신의 상관인 오키 주 태

114

수에게 안용복을 보낸다. 자기 수준에서 처리할 일이 아니란 판단이 들었기 때문이다. 오키 주 태수 역시 안용복의 처리를 고민하다 막부에 넘겨버린다. 이러한 행정절차를 보면 이들도 울릉도와 독도가 조선 땅이란 인식은 가지고 있었다는 걸 확인할 수 있다. 일본 땅이라고 생각했다면 이렇게 복잡한 행정절차가 필요했겠는가.

⑤ 오타니 가문 사람들에게 끌려간 지 2개월 만에 막부는 '울릉도와 독도는 일본 땅이 아니다'란 서계를 작성해서 안용복에게 건넨다. 안타까운 건 이 서계를 조선으로 송환하는 도중 나가사키에서 빼앗겼다는 점이다. 이는 안용복의 진술 내용이다.

여기까지만 보면 해피엔딩이지만 중간에 대마도가 등장하면서 이야기는 조선과 일본 양국의 외교 비화로 확대된다.

도토리 성에서 육로를 통해 나가사키에 도착한 안용복은 조선으로 돌아가기 위해 대마도로 향했는데 여기에서 다시 붙잡혀 90일간 구금 생활을 하게 된다. 대마도주의 생각은 단순했다. 울릉도와 독도가 조선의 영토로 공식화되면 자신들이 끼어들 기회는 영영 사라지고 다시는 이 황금어장에 진출할 수 없게 될 거라는 판단이었던 것이다. 결국 대마도주는 꼼수를 찾는데 바로 환상의 섬 프로젝트의 등장이다.

"귀역貴城의 바닷가에 고기 잡는 백성들이 해마다 본국의 죽도에 배를 타고 왔으므로, 토관土官이 국금國禁을 상세히 알려주고서 다시 와서는 안 된다는 것을 군이 알렸는데도, 올봄에 어민 40여 명이 죽도에 들어와서 난잡하게 고기를 잡으므로, 토관이 그 2인을 잡아두고서 한때의 증질證質로 삼으려고 했는데, 본국에서 번주목幡州牧이 동도(東都, 당시 일본의 수도)에 빨리 사실을 알림으로 인하여, 어민을 폐읍(弊邑, 대마도)에 맡겨서 고향에 돌려보내도록 했으니, 지금부터는 저 섬에 결단코 배를 용납하지 못하게 하고 더욱 금제禁制를 보존하여 두 나라의 교의交誼로 하여금 틈이 발생하지 않도록 하십시오."

—《조선왕조실록》숙종 20년, 1694년 2월 23일의 기록 중 발췌

울릉도와 독도가 이미 조선의 영토라는 건 대마도주도 알고 있었다. 이제껏 울릉도를 달라고 떼쓰던 대마도주가 아니었던가? 그런데 안용복이 등장하고 나서 대마도주의 외교노선이 급변한다. 동해에 조선의 영토인 울릉도와 독도가 있다는 건 인정한다, 그런데 그 어딘가에, 그러니까 울릉도와 독도 옆에 죽도라는 섬이 존재하는데 그 죽도는 일본의 영토라고 주장한다. 즉 안용복이 전복을 잡으러 간 섬은 울릉도가 아니라 죽도란 것이다. 환상의 섬 죽도의 등장이다. 유감스럽게도 위성사진으로 아무리 살펴봐도 동해에는 울릉도만한 크기의 다른 섬은 눈 씻고 찾아봐도 찾을 수 없다. 울릉도와 독도만이 존재할 뿐이다. 그렇다면 숙종 행정부는 이를 어떻게 받아들였을까?

홍중하洪重夏가 아뢰기를 "왜인倭人이 이른바 죽도竹島는 바로 우리나라

의 울릉도鬱陵島입니다. 지금 상관하지 않는다고 해서 내버린다면 그만이겠지만, 그렇지 않다면 미리 명확히 판변하지 않을 수 없습니다. 그리고 또 만약 저들의 인민人民이 들어가서 살게 한다면 어찌 뒷날의 걱정거리가 아니겠습니까?" 하고 목내선睦來善·민암閔黯은 아뢰기를 "왜인들이 민호民戶를 옮겨서 들어간 사실은 이미 확실하게 알 수는 없으나, 이것은 3백 년 동안 비워서 내려둔 땅인데, 이것으로 인하여 흔단釁端을 일으키고 우호友好를 상실하는 것은 또한 좋은 계책이 아닙니다" 하니, 임금이 민암 등의 말을 따랐다.

—《조선왕조실록》숙종 19년, 1693년 11월 18일의 기록 중 발췌

왜인을 직접 상대했던 접위관 홍중하와 당시 실세였던 좌의정 목내선과 민암의 발언이다. 숙종 행정부는 울릉도가 죽도란 사실을 이미 알고 있었다. 문제는 임진왜란이 끝난 지 채 백 년도 안 된 상황에서 일본과 또다시 문제를 일으키고 싶지 않았던 것이다.

결국 숙종은 '그래, 그 환상의 섬이 죽도란 걸 인정하자'라는 꼼수를 쓴다. 울릉도가 너무 멀리 있어서 잘 가지 않는데 어떻게 국경 밖에 있는 죽도란 섬을 가겠느냐는 논리를 만들어낸 것이다. 문제는 대마도 사신이었던 귤진중(橘眞重, 타다 요자에몽)이 엉뚱한 소리를 했던 것이다. 조선이 쓴 서계에서 '울릉도는 조선 땅'이라는 대목을 삭제해달라고 요구한 것이다. 조선으로서는 황당할 수밖에 없었다. 대마도에서 말한 그 환상의 섬 죽도 이야기에 장단을 맞춰주니까, 노골적으로 울릉도를 먹겠다고 덤벼든 상황! 조선은 더 이상 이들의

장단에 맞춰줘선 안 되겠다는 판단을 내렸고, 서계는 절대 고칠 수 없다고 통보한다. 타다 요자에몽은 그렇게 15일을 버티다 돌아간다.

울릉도와 독도 옆, 혹은 그 사이 어딘가에 울릉도만한 죽도가 있다는 주장을 했던 대마도주! 그러나 이 환상의 섬은 세 명의 인물이 등장하면서 연기처럼 사라진다. 바로 인현왕후, 종의방, 안용복이 그 주인공이다. 이들은 어떤 식으로 환상의 섬을 사라지게 했을까?

인현왕후의 귀환

숙종 시절의 정치를 한마디로 요약하자면 환국 정치라 할 수 있다. 서인에게 몰아줬던 권력을 빼앗아 남인에게 주고, 또 남인에게 줬던 권력을 다시 뺏어 서인에게 주던 방식이다. 이때 남인의 대표주자가 장옥정, 바로 희빈 장 씨였고, 서인의 대표주자가 인현왕후였다. 1693년 대마도 사신 타다 요자에몽이 환상의 섬 죽도를 주장할 때까지만 해도 조정은 남인이 쥐고 있었고, 국모는 장희빈이었다. 그러나 1694년이 되면서 이야기가 달라진다. 갑술환국이 터진 것이다. 인현왕후 복위를 반대하던 남인들이 실각하고 서인들이 요직을 차지하면서 국모는 인현왕후로 교체된다. 이런 상황에서 타다 요자에몽이 다시 조선을 찾아왔는데 분위기는 전과 다르게 싸늘했다.

"우리나라 강원도의 울진현에 속한 울릉도란 섬이 있는데, 본현의 동해 가운데 있고 파도가 험악하여 뱃길이 편리하지 못하기 때문에 몇 해

전에 백성을 옮겨 땅을 비워놓고, 수시로 공차公差를 보내어 왔다 갔다 하여 수검搜檢하도록 했습니다. 본도는 봉만峰巒과 수목을 내륙에서도 역력히 바라볼 수 있고, 무릇 산천의 굴곡과 지형이 넓고 좁음 및 주민의 유지遺址와 나는 토산물이 모두 우리나라의 《여지승람輿地勝覽》이란 서적에 실려 있어, 역대에 전해오는 사적이 분명합니다. 이번에 우리나라 해변의 어민들이 이 섬에 갔는데, 의외에도 귀국貴國 사람들이 멋대로 침범해와 서로 맞부딪치게 되자, 도리어 우리나라 사람들을 끌고서 강호江戶까지 잡아갔습니다."

—《조선왕조실록》숙종 20년, 1694년 8월 14일의 기록 중 발췌

동래부 동헌에 구금돼 있던 안용복을 만나 일본의 정세를 파악한 접위사 유집일柳集一은 대마도 사신에게 울릉도가 우리 땅이란 사실을 강경하게 전한다. 숙종 또한 확고한 입장을 보여준다. 울릉도와 독도를 노리는 대마도 사신에게 계속 시비를 걸면 조선 백성인 안용복을 아무 죄도 없이 5개월이나 가둬뒀던 일과 환상의 섬을 만들어 조선 조정을 농락했던 걸 외교 문제로 비화시켜 정식으로 일본 막부에 연락을 취하겠다고 협박을 한 것이다.

대마도 사신은 당황할 수밖에 없었다. 분명 같은 왕인데 1년 사이에 180도 바뀐 것이다. 그러나 미련을 버리지 못한 타다 요자에몽은 1년 가까이 조선에 머물며 환상의 섬 타령을 계속한다. 나중엔 왜관에 있는 일본인들을 모아 부산 동래부 동헌 앞에서 시위까지 벌인다.

그러나 조선은 뜻을 굽히지 않았다. 그 이유가 뭘까? 우선 환상의 섬 죽도 이야기를 하는 대마도 사신을 이대로 보고 있어선 안 되겠다는 여론이 일어났고, 숙종 눈치만 살폈던 남인보다는 그래도 정권을 좀 잡아봤던 서인들이 강경 노선을 택했던 점, 그리고 안용복을 조사한 결과 대마도와 일본의 속셈을 확실하게 파악한 점 등도 이유로 작용했다. 어쨌든 숙종은 정책노선을 바꿨고, 조선은 우리 영토인 울릉도와 독도를 사수하겠다는 결의를 불태운다. 그러나 대마도 사신도 만만치 않아 장기전 태세로 돌입했다. 이때 의외의 사건이 터진다.

일본 막부의 개입

1695년 3월 대마도주 소 요시쓰구가 죽는다. 그의 동생 소 요시미치가 대마도주의 자리를 승계하여 그동안 질질 끌어온 환상의 섬 문제를 막부에 고하고, 막부의 판단에 희망을 걸어보기로 한다. 공을 넘겨받은 막부는 대마도주가 말하는 환상의 섬 죽도를 확인하기로 결정, 울릉도와 독도에 가장 가까운 오키 주 태수에게 연락한다. 이때 오키 주 태수의 응답은 간단했는데 "울릉도와 독도는 우리 관할이 아니며, 울릉도와 독도 이외의 섬은 본 적이 없다"라고 보고한다. 이로써 환상의 섬 죽도는 사라지고 조선과의 충돌을 염려한 막부는 1696년 1월 28일 일본의 울릉도 도해를 금지한다. 울릉도가 조선 땅임을 인정한 것이다.

여기까지만 보면 사필귀정으로 끝날 이야기였는데 또다시 대마
도주가 끼어든다. 막부의 결론을 조선에 알리는 것을 대마도주가 차
일피일 미뤘던 것이다. 3년간 공을 들였던 환상의 섬 프로젝트가 이
렇게 무산되는 걸 차마 볼 수 없었기 때문이다. 영웅은 마지막에 등
장한다고 했던가? 대마도주가 우물거리고 있던 그때 안용복이 역사
에 재등장한다.

안용복과 10인의 용사

1696년 봄, 안용복은 다시 울릉도로 떠난다. 이번에는 1차 울릉
도 행 때와는 사뭇 분위기가 달랐다. 자신이 이렇게 고생을 했는데
도 아직 울릉도, 독도 문제가 해결되지 않은 걸 확인한 안용복은 분
개한다.

안용복은 일본을 상대로 사기를 칠 결심을 하고 철저한 준비에
들어간다. 울릉우산양도감세관鬱陵于山兩道監稅官이란 관직을 사칭하
고 깃발을 만들더니 당상무관 복장까지 준비했다. 그리고 자신과

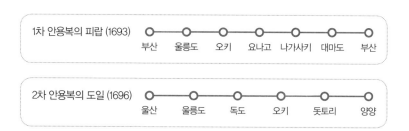

함께할 열 명의 동지를 모은다. 물론 이들에게도 벼슬을 줬다. 분명히 말하지만 당시 조선 조정은 이들에게 어떠한 관직도 내린 적이 없었다. 안용복의 자의적 판단에 따른 사칭이었다.

어쨌든 모든 준비를 마친 안용복과 10인의 용사들은 울릉도로 출발했고 왜인들과 마주친다. 울고 싶은데 뺨 때려줬다고 해야 할까? 안용복은 왜인들을 다그쳤고 기세등등한 안용복 일행의 위세에 일본인들은 겁을 먹었다.

이때 일본인들은 송도에 사는데 고기를 잡으러 왔다가 돌아가는 길이라고 변명 아닌 변명을 했고, 안용복은 이들을 쫓아 송도까지 달려가선 "송도는 곧 우산도인데 우산도 역시 우리 땅이거늘 너희가 어찌 여기 사느냐?"며 일본인들을 압박한다. 기가 눌린 일본인들은 잽싸게 도망쳤고, 안용복은 여세를 몰아 오키 도까지 쫓아가 오키도주에게 따진다. 울릉도와 독도는 조선 땅인데 왜 함부로 침범했느냐며 기세 좋게 덤벼든 것이다. 오키도주 역시 할 말이 없었다. 울릉도와 독도는 엄연히 조선 땅이었다.

안용복은 오키 주 태수에게까지 달려간다. 난감해하는 오키 주 태수를 보고 용기를 얻었는지, 어차피 명분은 자신 손에 있으니 거리낌 없이 행동해도 된다고 생각했는지 아예 막부와 담판을 보겠다는 말을 꺼낸다. 점입가경이라고 해야 할까? 안용복은 이 모든 문제의 원인은 대마도에 있다고 판단했고, 대마도가 조선 조정과 일본 막부 사이에 끼어들어 농간을 부린다는 내용의 상소를 작성한다. 여기에 더해 조선이 일본에 보내는 물자를 대마도에서 횡령했다는

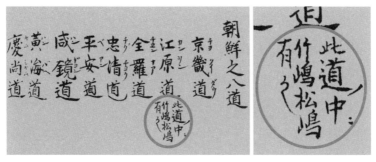

1696년 안용복의 2차 도일 시 활동상황을 기록한 문서로 죽도(울릉도), 송도(독도)가 강원도에 속한 조선의 영토임을 명기하고 있다.

이야기까지 더한다. 점점 상황이 심각해지자 오키 주 태수와 대마도주는 안용복의 요구를 들어주는 것만이 모든 상황을 정리할 유일한 방법이란 판단을 내렸다. 오키 주는 어민 열다섯 명을 적발해 처벌하고 울릉도와 독도는 조선 땅이란 서계를 조선에 보내겠다고 확답한다. 안용복의 승리였다.

안용복은 강원도 양양으로 돌아와 양양 현청 현감에게 이 사실을 보고했고, 얼마 뒤 대마도주는 대마도에 파견돼 있던 조선의 문위역관에게 울릉도는 조선 땅이라는 서계를 전한다. 동해 어딘가에 출몰했던 환상의 섬 죽도가 사라진 순간이었다.

이 대목에서 가장 안타까운 건 그 뒤 안용복에 대한 처분이었다. 좌의정 윤지선尹趾善 같은 이는 안용복의 선례를 따라 백성들이 흉내를 낼 수도 있으니 안용복을 죽여야 한다는 주장을 했고, 신여철申汝哲 같은 이는 공로와 죄과가 똑같으니 사형만은 면하게 하는 것이 어떠냐는 타협책을 내놓았다. 석방하자는 주장도 있었지만, 결국 죽이는 것은 너무하니 유배를 보내는 선에서 처리하는 것으로 조정의 의견이 모아졌다. 그렇게 안용복은 유배 길에 올랐고, 그 뒤로 역사 속에서 사라진다. 영웅의 쓸쓸한 퇴장이라고 해야 할까?

안용복의 활약으로 환상의 섬 죽도는 사라졌고, 울릉도와 독도는 우리의 영토란 사실을 다시 한 번 확인할 수 있게 됐다. 3백여 년 전 홀연히 등장한 한 영웅에 의해 우리 민족은 자국 영토를 눈 뜨고 빼앗길 뻔했던 위기를 모면했다.

최종병기 활 편전, 무소의 뿔을 독점하라

올림픽 시즌이 되면 양궁은 늘 금메달을 따는 효자종목이다. 한민족은 예전부터 활 잘 쏘는 민족이기에 동이東夷족이라 불렸는데 여기서 이夷는 활 궁弓에 큰 대大 자가 합쳐진 것으로 오랑캐[東]들이 큰[大] 활[弓]을 잘 사용한다는 뜻이다. 4년마다 우리 민족이 예로부터 활을 잘 쏘았기 때문에 중원세력이 우리 민족을 이렇게 불렀다는 친절한 부연설명까지 듣는다. 그러면 한민족에게는 활 잘 쏘는 유전자가 있다는 생각까지 들게 되는데 과연 정말 그럴까?

고구려 사람들은 기력을 높이 숭상하여 궁시弓矢와 도刀와 모矛를 능숙하게 다루며, 개갑鎧甲이 있었고, 전투에 능했다.

—《양서梁書》

백제의 병기에는 궁전弓箭과 도와 삭이 있으며, 기사騎射를 특히 중히 여겼다.

—《주서周書》

신라는 8월 15일 음악을 연주하고, 관인들이 활을 쏘게 하며, 말과 베로 상을 내렸다.

—《수서隋書》

조선 시대 임진왜란 발발 전까지의 조선군 체계를 보면 팽배수, 그러니까 방패를 든 병사를 제외하고는 전부 활을 차고 있었다. 전세계 어떤 군대에서도 볼 수 없는 비상식적인 편제다. 기생들조차도 활쏘기를 취미로 할 정도였고, 선비들도 심신 수양으로 활 쏘기를 즐겼는데 거짓말 조금 보태 팔다리만 멀쩡하다면 다들 활깨나 쏜 나라가 조선이다. 우리 민족은 왜 이렇게 활에 집착했던 걸까? 정말 활을 좋아하는, 활을 잘 쏘는 유전자라도 있는 걸까?

결론부터 말하자면 생존을 위한 어쩔 수 없는 선택이었다고 밖에 달리 설명할 말이 없다. 이유는 크게 세 가지 정도로 나눌 수 있는데 첫째가 우리 민족이 가난했다는 점이다. 물자가 부족해 대규모 기병을 양성할 돈이 없었다. 둘째, 대규모 병력이 있더라도 중국이나 유럽처럼 양쪽 군대가 마주 보며 회전會戰을 벌일 만한 무대가 적었다. 한반도는 70퍼센트가 산으로 이루어져 있다. 널따란 평야나 들판이 있어야 병력을 몰고 가 크게 전투를 벌일 수 있지 않겠는가? 셋째, 한반도 특유의 토질 때문이다. 이 부분은 좀 더 자세한 설명이 필요하다. 중국 병서를 보면 성을 공격하는 방법이 열두 가지로 정리되어 있다. 그러나 크게 보면 세 가지인데 성벽을 타고 오르는 것, 성문을 깨고 들어가는 것, 혈공이라 해서 땅을 파고 들어가는 방법이 있다. 그러나 이건 어디까지나 중국을 기준으로 해서 만들어진 전술이다. 한반도 지형에서는 이 공격 방법이 대부분 차단된다. 하나씩 설명하겠다.

첫째, 성문을 깨고 들어가는 방법인데 여기에는 충차衝車라는 공성병기가 필요하다. 그러나 한반도의 성, 그중에서도 산성을 보면 이런 충차를 움직이고 활용할 만한 지형이 없다. 산성의 경우 구불구불한 산길이다 보니 공성병기를 끌고 가기조차 어렵다.

둘째, 혈공은 푸석푸석한 토질을 가진 중국 땅에서나 가능한 이야기다. 한반도는 기본적으로 화강암 토질이어서 땅을 파다 보면 돌이 나온다.

결국 한반도에서 성을 공격하기 위해선 대부분 성벽을 넘는 공격법을 택해야 했다. 이러다 보니 활만 잘 쏘면 외부의 침입을 쉽게 격퇴할 수 있었다. 이는 한민족의 기본 방어 전략인 청야입보淸野立保와 맞물리는데 평시엔 성을 중심으로 생활하다가 전시가 되면 적들이 사용할 물자를 싹 없애고 모든 인원과 전략 물자들을 성으로 집결시켜 방어하는 것이다. 이러다 보니 한민족의 성과 활은 악명을 떨쳤고, 고구려에서는 성안에 쌀과 화살만 있다면 언제까지고 성을 지켜낼 수 있다는 말이 나올 정도였다.

한반도 지형에 강한 무기라고 해야 할까? 한민족은 활에 집착을 보일 수밖에 없었다. 이러다 보니 모든 사람이 활쏘기 연습에 매진했고, 국가와 시대를 막론하고 좋은 활을 만들기 위해 노력을 했다.

고구려 별종別種들이 소수少水를 근거로 나라를 세우니, 나라 이름은 소수맥小水貊이라 한다. 여기서 좋은 활이 나오니 맥궁貊弓이 바로 그것이다.

—《위지魏志》

겨울에 당나라 사신이 도착하여 조서를 전하고 쇠뇌 기술자 사찬沙湌 구진천仇珍川과 함께 당으로 돌아갔다. 당에서 그에게 나무 쇠뇌를 만들게 하여 화살을 쏘았는데, 30보 나갔다. 황제가 그에게 물었다. "내가 듣기에 너희 나라에서 쇠뇌를 만들어 쏘면 1천 보를 나간다고 하던데, 지금은 겨우 30보밖에 나가지 않으니 어찌 된 일이냐?"
구진천이 대답하였다. "재목이 좋지 못해서 그렇습니다. 만약 우리나라에서 나무를 가져온다면 그것을 만들 수 있습니다."

—《삼국사기》신라본기 문무왕 9년

첫 번째 기록에 나오는 소수맥은 고구려에 복속된 작은 나라였다. 이 나라에서 만든 맥궁은 동물의 뼈와 쇠붙이로 된 복합궁이었는데 파괴력이 대단해 중원세력들에게는 공포의 대상이었다. 고구려 맥궁신화의 시작이었다.
두 번째 기록의 구진천은 신라의 활 제작 기술자였는데 그가 만

든 노(弩, 오늘날의 석궁)가 1천 보를 날아간
다는 소리를 듣고 당나라 고종이 구진
천의 파견을 요구한다. 그러나 애국자였
던 구진천은 갖은 핑계를 대며 천보노
의 제작을 피했고, 결국 당나라 고종의
계획을 무산시킨다. 이 기록만 봐도 알
수 있지만 한민족은 국가 차원에서 최신
예 활 개발을 지원했고, 이런 활 제작 기
술은 시대를 선도했다는 걸 확인할 수

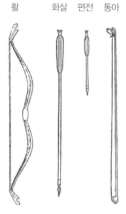

활   화살 편전 통아

편전을 쏠 때는 대나무를 반으로 쪼
갠 통아에 화살을 넣어서 쏘았다.

있다. 이는 삼국 시대를 거쳐 고려, 조선에까지 면면히 흐른다.

영화 〈최종병기 활〉을 보면 주인공 박해일이 애깃살, 즉 편전片箭
을 날리는 모습이 보인다. 국궁보다 훨씬 빠르고 파괴력도 대단한
편전은 조선군에게는 비밀병기 같은 존재였다. 설사 맞지 않았다 하
더라도 보통 화살의 절반 크기인 편전은 통아桶兒가 없이는 다시 쏠
수 없기에 적들이 재활용할 수가 없었다. 이러다 보니 조선은 이 편
전 기술 연마와 기밀보호에 각별히 신경을 썼다.

"편전은 우리나라의 장기입니다. 그 무기의 오늬[括]는 지극히 정교하여
비록 보통 사람들로 하여금 쏘게 하더라도 오히려 먼 곳에까지 미칠 수
있으니 (중략) 원컨대, 매 1인으로 하여금 각각 편전 10매와 통아를 가지
고 가게 하여, 점고點考할 때 아울러 기록하여 병조에 전보傳報하고, 병
조에서 점병點兵할 때 그 능하고 능하지 못한 것을 시험한다면 몇 년이

가지 않아서 편전을 모두 잘 쏘게 되리라 합니다."

—《조선왕조실록》태종 18년, 1418년 1월 13일의 기록 중 발췌

"한 왜객倭客이 싸리나무로 활을 만들고, 소나무로 통아를 만들고, 큰 바늘로 화살촉을 만들고, 대나무를 2촌쯤 깎아서 편전을 만들어 장난 삼아 쏘기에 관인이 그 배운 곳을 힐난하여 물으니 대답하기를 '전에 부산포에 왔을 때 그 포구의 군인에게서 배웠다'고 하였답니다. 이것으로 본다면 차츰 전습傳習할 염려가 있사오니, 금후로는 각 포의 군인으로 하여금 객인과 함께 있는 곳에서는 편전 쏘는 것을 익히지 말게 하소서" 하니, 그대로 따랐다.

—《조선왕조실록》세종 19년, 1437년 3월 6일의 기록 중 발췌

첫 번째 기록은 함길도 관찰사 유사눌柳思訥이 편전의 보급과 훈련을 주장하는 내용이고, 두 번째는 세종 시절 예조가 의정부에 보고한 것이다. 오늘날로 치자면 미사일 기술을 외부에 노출하지 않는 것과 마찬가지라 생각하면 된다. 이렇게 기술을 연마하고 지키는 데 애썼던 조선이었다. 그렇다면 활 만드는 것에 있어서는 어떠했을까? 다음의 기록을 살펴보면 목숨을 걸었다는 표현이 적합할 것이다.

"나라의 보배에 세 가지가 있으니, 말이고 소이고 흑각黑角이다. 말은 여럿을 태울 수 없고, 소는 도둑에게 줄 수 없고, 흑각은 연습으로 쓸 수가 없다. 지금부터 이후로는 비록 내가 흑각궁黑角弓을 사용하여 다시는

사후射侯하지 않겠으니, 그것을 병조로 하여금 중외中外의 장사將士에게
효유曉諭하여 이 규칙을 본받게 하라."

— 《조선왕조실록》 세조 6년, 1460년 5월 13일의 기록 중 발췌

세조가 나라의 보물 세 가지를 언급하며 흑각을 연습용으로 사
용하지 말라고 엄명을 내리는 이야기다. 흑각은 곧 흑각궁으로 물소
뿔로 만든 조선 최고이자 당대 최고의 활이었다. 그야말로 전략병기
였기에 연습용으로 사용하지 말라는 당부였다. 왜 그랬던 걸까? 흑
각궁의 재료는 물소 뿔, 뽕나무, 참나무, 쇠심줄, 어교(민어 부레로 만든
풀), 화피(산벚나무 껍질), 소가죽, 삼베, 면실이다. 다른 재료는 다 조선
에서 구할 수 있었지만 가장 핵심 재료인 물소 뿔은 국내에 없었다.

밀수를 지시한 왕

당시 조선은 명나라에서 물소 뿔을 수입했는데 동남아시아나 남
중국에서도 물소를 잡아서 뿔을 팔았다. 문제는 명나라의 반응이었
다. 한민족의 활 때문에 중국이 여러 번 고생했기 때문이다. 수나라
를 거꾸러뜨리고 당나라와 대등하게 전쟁을 벌인 고구려, 당나라와
싸워 한반도에서 중국세력을 몰아낸 신라, 중원을 휩쓴 몽골과 40년
간 싸운 고려 등 이들의 뒤에는 늘 활이 있었다는 걸 잘 아는 명나
라로서는 물소 뿔을 전략물자로 분류해 1회 거래 시 최대 50부 정
도만 받을 수 있도록 제한을 둔다. 외교란 등 뒤에 칼을 숨기고 서

로 악수하는 행위란 말이 생각나는 대목이다.

조선이 명나라에 예를 다하긴 했지만 훗날을 기약할 수 없었기에 명나라는 미래의 위협이 될지 모를 물소 뿔 판매에 소극적일 수밖에 없었다. 그러나 50부는 턱없이 부족한 양이었다. 결국 조선의 국방정책은 이 물소 뿔을 어떻게 확보하느냐에 초점이 맞춰진다.

세종 10년에는 밑져야 본전이란 심정으로 명나라에 물소 수입 의향서를 제출한다. 아예 물소를 데려와 키워보자는 것이었는데 명나라는 이를 일언지하에 거절한다. 그 물소가 자라서 장차 어떻게 쓰일지 누구보다도 잘 알았기 때문이다. 상황이 이렇게 되자 조선은 정상적인 루트가 아닌 밀수를 선택한다.

"중국 조정에서 만약에 '쇠뿔은 금하는 물건인데 무슨 까닭으로 금령을 범하였느냐?'고 물으면, '중국 조정에서 본국을 외국처럼 대우하지 않으므로 모든 있고 없는 것을 서로 의지하기 때문에 구습에 따라 무역하였다'고 대답하고, '너희 나라에서 알고 무역한 것이냐, 데리고 온 사람이 무역한 것이냐?'고 물으면, '우리에게 관계되지 않는 일이므로 미처 몰랐다'고 대답하게 하소서."

— 《조선왕조실록》 성종 8년, 1477년 1월 25일의 기록 중 발췌

물소 뿔 밀수가 발각되자 성종과 대신들이 명나라에 어떤 식으로 해명할지를 고민하는 내용이다. 일견 왕이 모양 빠지는 듯 보이겠지만, 조선의 왕이라면 당연히 해야 할 일이었다. 국방력은 곧 그

나라의 힘이다. 그렇기에 조선의 왕들은 물불 가리지 않고 물소 뿔을 얻기 위해 덤벼들었다.《조선왕조실록》에서 임진왜란 직전까지 조선의 왕들이 물소 뿔이나 대체재를 얻기 위해 각고의 노력을 하는 모습을 쉽게 찾아볼 수 있다. 밀수는 기본이고 물소까지 수입해 오려 하지 않았는가.

"활을 만드는 외에 수우각水牛角·향각鄕角은 일체 엄금한다."

—《조선왕조실록》세조 12년, 1466년 4월 18일의 기록 중 발췌

"군기 시에는 향각궁鄕角弓 7백 40장張, 녹각궁鹿角弓 5백 장張……."

—《조선왕조실록》세조 12년, 1466년 7월 12일의 기록 중 발췌

"하지만 본시의 향각궁은 해가 오래되어 각角을 연결한 곳의 아교풀이 떨어지면 위줄上絃이 반드시 부러져서 장차 쓸 수 없게 될 것입니다. 신은 청컨대, 상의원 재각궁으로써 활을 만들어서 본시에 간직하고, 본시에 있는 향각궁을 양계에 바꾸어 보내게 하소서."

—《조선왕조실록》성종 24년, 1493년 7월 21일의 기록 중 발췌

첫 번째 기록에서 수우각이란 물소 뿔이고, 향각은 우리나라 소 한우의 뿔을 의미한다. 두 번째 기록을 보면 우리나라가 보유하고 있던 향각궁과 녹각궁의 숫자가 나온다. 녹각궁은 사슴뿔로 만든 활이다. 한마디로 녹용으로 활을 만들었다는 소리다. 각궁의 국산

화라고 해야 할까? 그러나 여기에는 큰 문제가 있었다.

향각궁은 황해도에서 자란 황소를 잡아다 만들었는데 조선에 있는 소 중 그 뿔이 가장 길었기 때문이다. 그러나 물소 뿔만 못했기 때문에 뿔 세 개를 이어 붙여서 활을 만들어야 했다. 기록에 보면 짧은 건 20센티미터, 긴 건 40센티미터 정도였는데 아쉬운 대로 쓸 만했다고는 하지만 짧았다. 물소는 한 마리를 잡으면 활 한 벌이 나왔지만, 향각궁의 경우 소 두 마리는 잡아야 했다. 물론 어느 정도 성능은 되었지만 내구성이 흑각궁에 비해 현저히 떨어졌다. 세 번째 기록에도 나와 있지만, 여름이 되면 부레 풀로 접착한 부분이 떨어져 활이 부러지는 경우가 많았고, 흑각궁에 비해 위력이 덜했다. 결정적으로 국가 경제의 근간이 되는 농우農牛를 활을 만들기 위해 도축하는 통에 경제가 휘청거렸다. 결국 이 향각궁 프로젝트는 중단됐고 대안으로 나온 게 녹각궁이었다. 그러나 활을 만들 정도로 긴 뿔을 가지고 있는 사슴의 수가 절대적으로 부족했기 때문에 수량이 너무 적었다. 결국 문제는 원점으로 되돌아온다. 죽으나 사나 물소를 수입해야 했다. 이때 해결의 실마리가 보이는 사건이 터진다.

물소는 죽어 그 뿔을 남긴다

마침 일본에도 물소가 있었다. 게다가 그 물소를 조선에 진상했다. 세조와 조정 대신들은 흥분상태에서 잘 관리하라는 엄명을 내린다. 지금으로 치자면 스텔스 전투기의 핵심 기술자를 스카우트했다고 해야 할까? 국가 차원의 관심과 노력이 이 물소에게 집중된다.

이보다 앞서 물소를 일본국 대내전大內殿에서 찾았는데, 이때에 이르러 대내전에서 중 능면能緜을 보내어 암·수 두 마리를 가지고 와서 바쳤다. 경상도 웅천에 이르니, 행 상호군 조득림趙得琳에게 명하여 웅천에 가서 조심해 기르다가 봄을 기다려 가지고 오도록 하였다.

—《조선왕조실록》세조 7년, 1461년 10월 21일의 기록 중 발췌

세조는 우선 따뜻한 경남지방에 물소들을 보내 1년간 적응 기간을 거치게 한 다음 창덕궁 후원으로 옮겨와 사복시(司僕寺, 조선 시대 궁중의 가마, 말, 소들을 관리하던 곳) 관원들에게 관리를 맡긴다. 오늘날로 치자면 청와대 후원에다 소를 풀어놓고 키우게 하고 농림수산부 관리들에게 돌보게 한 것이다. 파격적인 조치였다.

세조의 이런 노력 덕분인지 물소들은 잘 자랐고, 꾸준히 그 수를 늘어나 성종 대에 이르러선 물소 수가 70여 마리에 이르렀다. 조선이 자주국방의 꿈에 성큼 다가선 것이다.

하지만 사람이란 서면 앉고 싶고, 앉으면 눕고 싶고, 누우면 자고 싶어 하는 존재가 아닌가? 바로 몇 년 전까지만 하더라도 물소 한 마리만 주면 간이라도 빼줄 듯했던 조선도 그 수가 늘어나자 슬슬 딴생각을 하게 된다. 가뜩이나 농우가 부족해 고심하던 조선이었기에 뿔 하나만 믿고 놀고먹는 물소들이 영 눈에 거슬렸던 것이다. 게다가 물소는 황소보다 배 이상 힘이 좋았기 때문에 살아 있을 때는

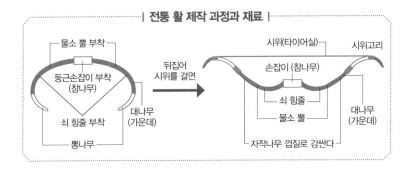

| 전통 활 제작 과정과 재료 |

농우로 사용하고 죽은 다음에 흑각궁을 만든다면 일거양득이란 생각을 하게 된다.

이렇게 한참 꿈을 키워나가는데 덜컥 물소들이 죽어나가기 시작했다. 기후적응에 실패한 것이다. 아열대에서 살던 물소였기에 겨울이 되면 영하 10도 이하로 떨어지는 조선 땅에서는 적응을 못 했다. 결국 중종 이후 조선은 물소 수입을 포기한다. 어차피 데려와도 죽을 소들이었기 때문이다. 그나마 다행이라면 물소 뿔의 수입노선이 다변화되어 명나라에서 왜로 확장되었다. 그러나 물소 뿔에 대한 집착도 그리 오래가진 못했다. 임진왜란을 겪으면서 조총이란 신무기의 위력을 실감한 조선 정부는 활 대신 화포수 양성에 매진한다.

예나 지금이나 국방력이 곧 나라의 힘이란 사실은 변함이 없다. 사람은 죽어 이름을 남기고 물소는 죽어 뿔을 남긴다고 해야 할까? 한때 조선이 나라의 명운을 걸고 물소 뿔에 집착했던 걸 생각한다면 동물원 우리 속에서 한가롭게 풀을 씹는 물소들의 모습조차 새롭게 보인다.

조선의 운명을 건 왕실의 족보 전쟁

조선 시대 족보가 가지는 의미는 남달랐다. 족보는 자신의 가계家繼가 양반임을 증명하는 가장 확실한 증거이자 뿌리를 입증해주는 혈통서와 같은 존재였다. 지금이야 많이 퇴색됐지만 별다른 사회 안전망이 없었던 조선에서 최후에 의지할 곳은 문중뿐이었고, 그 문중의 일원임을 증명하는 것이 족보였다. 양반 족보에 기재된 것만으로도 실질적인 혜택이 많았다. 세금과 부역, 군역이 전부 면제됐기 때문에 조선 후기가 되면 상업적으로 성공한 계층에선 너나 할 거 없이 족보를 위조하거나 양반가 족보에 이름을 올려 신분을 세탁했다.

다시 말하지만 조선 시대 족보에 대한 집착은 지금의 관점으로는 상상을 불허할 정도다. 그런데 이 족보가 잘못 기재되었다면 어땠을까? 그것도 일반 양반이 아닌 왕실의 족보가 잘못되었다면? 조선 개국과 동시에 터진 이 희대의 족보 오기誤記 사건은 그 후 4백 년 동안이나 조선 외교사에 있어 최대의 쟁점이 되었던 종계변무宗系辨誣 사건으로 발전한다.

> "홍무洪武 27년 4월 25일에 칙사로 보낸 내사內史 황영기 등이 와서 삼가 해악산천海岳山川 등의 신령에게 고제告祭하는 축문을 받들어 보니, 그 안에 '옛날 고려 배신陪臣 이인임의 후사 이성계의 지금 이름 이단李旦이 혹은 공공연하게 사람을 보내서 정탐하기도 하고…….'"
>
> —《조선왕조실록》태조 3년, 1394년 6월 16일의 기록 중 발췌

이성계가 졸지에 이인임의 자식이 돼 있었던 것이다. 이유는 간단한데 이성계의 세력에 밀려 명나라로 망명한 윤이尹彝와 이초李初가 명나라 조정에 이성계에 대한 악의적인 소문을 퍼뜨렸기 때문이다. 이들은 고려 우왕 시절 이성계의 정적이었던 이인임이 이성계의 아버지란 소문을 냈다. 이자춘의 아들 이성계는 졸지에 이인임의 아들이 되어 있었다. 친원반명파였던 이인임을 이성계와 엮어서 신임을 떨어뜨리고자 했던 것이다. 그러나 원과 고려가 망한 이상 이제 남은 건 나라의 체통과 위신이 걸린 자존심 싸움뿐이었다.

물론 명나라에서도 이런 사정을 알고 있었다. 윤이와 이초를 귀양 보냈던 게 그 증거다. 하지만 개국 초 조선과의 사이가 껄끄러웠던 명나라는 이를 알면서도 이인임의 아들 이성계란 논리를 펼친다.

태종이 즉위하면서 명나라와의 관계는 일단락됐지만 나라의 위

신과 체통을 지키기 위해선 족보를 바로 잡아야만 했다. 태종은 이 빈李彬을 중심으로 사신단을 꾸려 명나라에 보낸다. 특별히 호조에 명령을 내려 사신단의 추진비와 진행비, 판공비를 지원해준다. 이빈 은 그길로 명나라 예부로 쫓아가 예부상서 이지강李至剛을 만나 저 간의 사정을 설명하고 성의 표시를 한다. 이지강도 바로 황제에게 달려가 이인임과 이성계의 관계를 보고한다.

> 본부상서 이지강 등이 성지聖旨를 흠봉欽奉하였는데 '조선 국왕이 아뢰
> 기를 "이인임의 후손이 아니라"고 하였으니, 생각건대 그전의 전설傳說
> 이 틀린 것이다. 그의 말에 준하여 개정하라' 하였으므로 그대로 흠록
> 欽錄하였다.
>
> ─《조선왕조실록》태종 4년, 1404년 3월 27일의 기록 중 발췌

문제는 이렇게 정리되는 듯했다. 이후 백 년간 종계변무 이야기는 더 이상 나오지 않았다. 조선도 명나라도 이성계는 이자춘이 아들 임이 공식화됐다고 생각했는데 중종 13년 덜컥 문제가 터진다.

종계변무, 조선의 운명을 건 대응

중화권 국가들은 왕조를 세울 때마다 자신들의 세계관을 투영한 법전이나 사전 등을 편찬했는데 명나라에서 《대명회전大明會典》을 만들었다. 명나라의 행정법전으로 보면 이해하기 쉽다. 명나라 초기

부터 그때까지 사용해오던 모든 행정법규를 관제로 집대성한 책으로 이《대명회전》에는 명나라가 바라보는 세상에 대한 해석이 담겨 있고, 이 해석이 곧 법이요 진리였다. 그런데 명나라에 사신으로 갔던 이계맹李繼孟이 청천벽력과도 같은 소식을 가지고 왔다.

"지금 정조사正朝使가 새로 사 온《대명회전》에 우리나라 세계世系가 잘못 기록되었고, 또 우리 조종조에서 하지 않은 사실이 있어 신 등은 이를 보고 매우 놀랐습니다. 이 책은 민간에서 만든 사찬私撰이 아니요, 서두에 황제의 어제서御製序가 있으니 이는 곧 조정의 공의에 의해 편찬된 것입니다. 금일은 바로 재계하는 날이라 아뢰기 난처하나 몹시 중대한 일이기 때문에 부득이 아뢰는 것입니다. 널리 의논하여 처리하심이 어떠하겠습니까?"

—《조선왕조실록》중종 13년, 1518년 4월 26일의 기록 중 발췌

《대명회전》에서 걸리는 대목은 두 개였다. 하나는 태조 이성계가 이자춘이 아니라 이인임의 아들이라고 명시한 부분, 나머지 하나는 태조가 왕씨王氏의 사왕四王을 죽이고 왕이 됐다는 부분이다. 여기서 왕씨의 사왕이란 고려 말의 공민왕, 우왕, 창왕, 공양왕을 가리킨다.

조선 조정은 말 그대로 호떡집에 불난 꼴이 됐다. 이인임의 아들로 불리는 것도 억울한데 고려의 왕 네 명을 죽이고 왕위를 찬탈한 놈으로 기록되었으니 이건 조선의 정통성 자체를 부정하는 것이 아닌가? 중종은《대명회전》수정을 요구하는 주청사 파견을 준비한다.

중종은 분노했고, 《대명회전》 수정을 관철시키겠다는 의지를 보였지만 어디까지나 부탁하러 가는 입장이었다. 조선이 천자의 나라로 모시는 명나라, 그것도 선대 황제들이 내놓은 율령들을 모아서 만든 책에 간섭할 수는 없었다. 그렇다고 포기할 수도 없는 일이었다. 주자의 나라이자 유교 종주국인 명나라의 법전에 조선 사대부의 우두머리인 왕의 족보가 잘못 기재돼 있다면 이는 조선의 정통성 자체를 송두리째 부정하는 일이었기에 우선은 찾아가 빌 수밖에 없었다.

그러나 명나라는 요지부동! 아쉬울 게 전혀 없었던 명나라로서는 변방의 속국 임금의 시조까지 챙겨야 할 이유가 없었으며 이인임이든 아니든 간에 이걸 가지고 조선을 압박할 수 있다면 외교 카드 한 장을 더 손에 쥔 것이기에 느긋하게 지켜만 볼 뿐이었다. 덕분에 신이 난 건 명나라 외교라인 관리들이었다.

"종계변무의 일은 주청을 허락받았으니 이보다 더한 경사가 없습니다. 비록 이것이 황은皇恩에서 나온 것이기는 하지만 공 사신의 공이 많으니 진실로 특별히 예물을 보내어 사례함이 마땅합니다."
—《조선왕조실록》 중종 35년, 1540년 1월 6일의 기록 중 발췌

이는 완곡한 표현이었다. 사신들은 물론 명나라 예부 관원들에게 들어가는 예물 양은 만만치 않았다. 뇌물이었다. 무슨 수를 써서든 이성계의 조상을 바로 잡아야 했다. 이 종계변무가 얼마나 중요했는

지는 다음의 기록에서도 확인할 수 있다.

"종계를 고치는 일을 천사가 앞서 이미 허락하기는 했다마는, 오늘 잔치 때 다시 청하기를 '종계 고치는 일은 이미 승낙을 해주어 우리나라가 진실로 기뻐하고 있다. 다만 이인임의 악한 이름이 국가의 시조를 더럽히고 있음은 매우 우리나라의 오욕이 되는 일이기에 대인들을 힘입어 원통과 민망을 씻고 싶다' 한다면 좋을 듯싶다. 이와 같은 일은 아무리 번거롭게 자주 말하더라도 어찌 방해롭겠는가. 승지들은 미리 이런 뜻을 알아두었다가 내 곁에서 말을 하여 내가 잊어버리지 않도록 해야 한다. 답변할 말은 내가 알아서 하겠다."

—《조선왕조실록》 중종 32년, 1537년 3월 16일의 기록 중 발췌

중종이 사신을 만나기 전 승지들에게 명령을 내리는 장면이다. 사신과의 연회에서 다시 한 번 이야기해야 하니 잊지 말고 말해달라는 명령! 종계변무는 조선의 가장 큰 외교 현안이었다.

이렇듯 조선은 몸이 달아올라 계속해서 수정을 요구했지만 명나라는 좀처럼 반응을 보이지 않았다. 앞에서도 말했지만 명나라로서는 아쉬울 게 없었다. 그러나 이렇게 쉽게 포기할 조선이 아니었다. 중종을 거쳐 인종, 명종에 이르기까지 3대 60년 동안 조선은 끈질기게 명나라에 종계변무 수정을 요구했다. 하지만 명나라는 끝까지 요지부동이었다.

아쉬울 거 없는 명나라, 답답한 조선

종계변무는 해결될 기미도 없이 하염없이 시간만 흘러갔다. 그러던 어느 날 조선 조정에 한 줄기 서광이 비친다. 선조 6년(1573년)의 일이다.

명나라에서 《대명회전》 개정판을 만든다는 소식이었다. 《대명회전》을 개정해서 《중수대명회전重修大明會典》을 만든다면 이야말로 이인임 대목을 수정할 절호의 기회였다. 이제까지는 멀쩡한 《대명회전》에 손을 댈 수 없다는 이유로 명나라에서도 미적지근한 반응을 보였지만, 어차피 수정한다면 이인임 대목을 수정하는 것 또한 어렵지 않았다. 선조는 바로 사신단을 보냈고 전방위적인 외교전을 펼쳐 다음과 같은 결과를 얻어낸다.

이에 칙유勅諭를 내렸는데 그 대략에 "그대의 태조 모某는 오래도록 불미스런 이름을 받아오다가 우리 열성조가 진실을 파악하신 덕분에 이미 누명을 씻고 개정하였다. 그런데 이번에 실록을 수찬하는 기회에 전후의 주청 내용은 자세히 기록해 넣어 영원히 전하려고 한다. 짐은 그대의 나라가 예의를 지키는 나라인데다 또 일이 군신의 대의에 관계된 것임을 생각하여 특별히 요청한 대로 윤허한다. 그리하여 즉시 사관史館에 초부抄付하여 〈숙조실록〉에 자세히 써넣는 한편, 나중에 새 회전을 편수하는 데 대비하도록 명하여 너희가 선조의 누명을 씻고자 하는 간청을 위로하는 바다."

— 《조선왕조실록》 선조 6년, 1573년 11월 1일의 기록 중 발췌

명나라 황제가 회전을 수정할 것과 그동안의 노력을 위로한다는 말을 한 것이다. 게다가 명나라 실록에도 이를 기록해준다니 얼마나 기뻤겠는가? 이렇게 해서 조선 개국 이래 근 2백 년을 끌어온 종계변무에 마침표를 찍는 거 같았지만, 선조는 방심하지 않았다. 그동안 명나라의 행태를 잘 알았기 때문이다. 이렇게 쉽게 해결해줄 거였다면 지난 2백 년간 그렇게 속을 썩이진 않았을 것이란 판단에 언제 어떻게 명나라의 마음이 바뀔지 모르고, 개정판에서도 이를 수정하지 않는다면 또다시 2백 년 이상 전전긍긍해야 할 것이란 생각에 선조는 2~3년에 한 번씩《대명회전》개정판이 어떤 식으로 진행되고 있는지 사신들을 보내 확인하기에 이른다. 그리고 마침내 그 결과가 나온다.

종계宗系 및 악명惡名 변무 주청사 황정욱黃廷彧과 서장관 한응인韓應寅 등이 칙서를 받아가지고 돌아왔는데, 황제가 회전 가운데 개정한 전문을 기록하여 보여주었다. 상이 모화관慕華館에 나아가 마중하고 종묘에 고한 뒤 하례를 받았다. 백관의 품계를 올려주고 특수한 사죄死罪 이하의 죄인을 사면하였다. 정욱과 응인 및 상통사 홍순언洪純彦 등에게는 가자加資 하고, 노비와 전택, 잡물 등을 차등 있게 내렸다.

—《조선왕조실록》 선조 17년, 1584년 11월 1일의 기록 중 발췌

선조 17년 사신으로 갔던 통역관 홍순언이《중수대명회전》조선 편을 필사해왔다. 거기에 이성계가 이인임의 아들이라는 부분이 빠

져 있었으니 조선은 그야말로 축제 분위기였다. 2백 년간 끌어온 노력에 마침표를 찍는 순간이었다.

방계로 왕위에 오른 선조였기에 그 기쁨은 더했다. 자신의 정당성에 심각한 콤플렉스가 있었던 선조가 그 누구도 해내지 못했던 종계변무를 자신의 손으로 매조지했으니 이 얼마나 기쁜 일이었겠는가? 선조는 대사면령을 내리고 이 소식을 가져온 사신들을 포상했다. 그렇다고 해서 조선 행정부가 방심했던 건 아니다. 분명 방향은 정해졌고, 이제 책을 찍어내기만 하면 된다지만 마지막 순간 어떻게 될지 모르는 게 세상사 아니던가!

선조와 조선 행정부는 끈질기게 명나라의 행보를 주시했고 책이 나올 때까지 촉각을 곤두세운다.

상이 명나라의 《대명회전》이 거의 완성되어간다 하여 유홍俞泓으로 하여금 적극 청해서 얻어오게 하였다. 유홍이 예부를 찾아가 자문을 드리고 이를 청하였는데, 예부에서는 아직 어람御覽을 거치지 않아서 먼저 주기가 어렵다 하였다. 유홍이 일행을 거느리고 피눈물을 흘리며 궤청跪請하니 상서 심리沈鯉가 그 정성에 감동하여 즉시 제본을 갖추어 순부順付를 주청한 바 천자의 윤허를 얻어 본국에 부권付卷이 특별히 하사되고 또 칙서까지 내려졌다.

—《조선왕조실록》선조 21년, 1588년 5월 2일의 기록 중 발췌

실록대로, 아직 완성되지도 않은 책을 달라고 통사정을 해도 안

되자 유홍이 머리를 짓이겨가며 부탁하게 된다. 이에 감격한 예부상서 심리가 조선 편이 수록된 《중수대명회전》, 속칭 《만력회전萬曆會典》 한 권을 황제의 윤허를 받아 건넨다. 분명 거기에도 이성계의 족보가 제대로 기재돼 있었다. 선조는 끓어오르는 기쁨을 꾹 눌러 담았다. 아직 명나라에선 공개되지도 않은 《만력회전》을 가져와 종계변무에 성공했다고 잔치를 벌이면 명나라의 눈총을 받게 될지도 모른다는 판단에서였다. 다 된 밥에 코 빠뜨릴 수 있으니 몸을 사리자는 것이었다.

선조의 바람은 곧 실현된다. 선조 22년 명나라에서 《만력회전》 한 질을 보내왔다. 이걸 받아든 선조는 기쁨의 눈물을 흘리며 종계변무를 위해 노력한 신하들 열아홉 명의 이름을 공신록에 올리고 광국공신光國功臣, 즉 나라를 빛낸 공신이라 칭했다.

아버지를 아버지라 부를 수 있게 되다

조선 개국 전부터 속을 썩여왔던 이성계의 아버지에 대한 논란, 족보 집착으로부터 시작해 나라의 정통성 문제로까지 확대되었던 종계변무는 조선 외교사 최대 숙원사업이었다 해도 과언이 아니었다. 이렇게 모든 문제가 일단락됐고, 이성계는 다시 이자춘의 아들로 역사에 기록된다. 이걸로 이야기가 끝나면 좋겠지만 여기까지가 1차 종계변무였다. 명나라에서 청나라로 왕조가 바뀌자 또다시 종계변무 논란이 벌어진다. 2차 종계변무다.

청나라가 건국되고 한참이 지난 조선 영조 시절 청나라에서 《대청회전大淸會典》을 만들려 한다는 정보가 조선 조정에 들어간다. 중원에서 나라를 건국한 역대 왕조들이 관행적으로 중국과 주변국들의 역사문물을 정리한 백과사전식 책을 한 질씩 낸 이유는 일단 새로운 천하관 속에 속국들을 편입한다는 의미도 있었지만, 새 왕조에 대해 할 말 많고 불만 많은 학자를 모조리 몰아넣어 글이나 쓰게 만들어 새로운 정부에 대한 비판을 막자는 목적도 있었다. 여기에 덤으로 학문을 사랑하는 문치주의 분위기도 연출해낼 수 있으니 청나라 역시 이런 관례를 따랐다.

문제는 청나라가 《대명회전》을 참고로 해서 《대청회전》을 만든다는 이야기가 들려왔던 것이다. 이때부터 조선은 다시 골치가 아파왔다. 참고도서가 종계변무를 한 《만력회전》인지, 오리지널 《대명회전》인지에 대한 정보가 없었다. 잘못했다가는 또다시 이인임이 이성계의 아버지가 될 상황! 조선 정부는 긴장한다. 당시 왕이었던 영조가 어떤 심정이었는지 확인 가능한 기록이 있다.

"일이 막중한 데에 관계되는 것이므로 품처稟處하게 했던 것인데, 이미 회전에 기재되어 있으니, 이제 역사를 수찬하더라도 어찌 다른 염려가 있겠는가? 경솔하게 앞질러 열람하기를 청하는 것은 불가할 듯하다. 이 뒤로 사행使行이 있을 적에는 역사의 완성에 대한 여부를 상세히 탐문해야 될 것이다."

— 《조선왕조실록》 영조 1년, 1725년 5월 11일의 기록 중 발췌

조정에서는 괜히 긁어 부스럼 만들지 말고 《대청회전》이 나오면 그걸 확인한 다음 잘못된 부분이 있다면 그때 가서 고치자는 의견도 있었으나 1차 종계변무 당시 2백 년간 고생한 기억 때문에 선 대응하자는 의견이 주류를 이룬다.

결국 영조는 전통적인 방법을 사용하기로 한다. 《대청회전》 편찬에 관계된 자들 중 실세로 판단되는 몇 명에게 뇌물을 먹이기로 결정, 호조에서 예산을 뽑아내게 했으니 그 액수만도 무려 7만 냥이었다.

이런 노력 덕분인지 《대청회전》은 개정판인 《만력회전》을 저본으로 해서 제작에 들어갔다. 족보에 이름 하나 잘못 올라가 2백 년간 고생했던 조선 왕실의 가계도는 다시 한고비를 넘겼다.

《대청회전》 | 중국 청나라의 제도와 전례를 모은 책으로 청조 성조의 명에 의하여 편찬하였다.

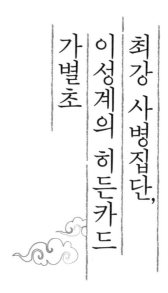

최강 사병집단,
이성계의 히든카드
가별초

흔히들 조선 왕조의 개국은 이성계로 대표되는 무력武力과 정도
전으로 대표되는 사상의 결합이라고 말한다. 여기서의 사상은 성리
학으로 무장한 신흥사대부를 의미한다. 그렇다면 무력이란 도대체
무엇이었을까? 역사적 기록은 이성계 개인의 무력만을 강조하는 경
향이 있다.

태조가 일찍이 홍원洪原의 조포산照浦山에서 사냥을 하는데 노루 세 마
리가 떼를 지어 나오는지라, 태조가 말을 달려 쏘아 먼저 한 마리의 노
루를 쏘아 죽이니, 두 마리의 노루가 모두 달아나므로 또 이를 쏘니, 화
살 한 개 쏜 것이 두 마리를 꿰뚫고 화살이 풀명자나무에 꽂혔다.

—《조선왕조실록》 태조 총서 기록 중 발췌

위의 기록을 보면 이성계는 신궁 그 자체다. 황산대첩에서 아지발도阿只拔都의 투구를 쏘아 떨어뜨린 것은 이미 신화처럼 전승되어 이성계의 명궁 이미지를 고착화시켰다. 그러나 일개 개인이 아무리 활을 잘 쏜다 하더라도 이것만으로 전투에서 승리하고 나라를 얻을 수는 없다. 뒷받침해줄 군사력이 없으면 개인의 전투력은 집단에 묻힐 수밖에 없는 것이다. 그렇다면 이성계의 무력은 어디에서 나온 것일까?

1383년 가을, 함길도 함흥에 있는 동북면 도지휘사 이성계를 찾아간 정도전은 이성계의 군사를 보면서 "이 정도 군대라면 무슨 일인들 성공하지 못하겠습니까?"라고 했다. 이성계의 군대가 수많은 싸움을 경험했던 정예 강군인 것은 분명했지만, 고려 말 혼란기에 활약했던 다른 무장의 사병들 역시 전투로 단련됐단 사실을 염두에 두어야 한다.

여기서 근원적인 질문을 하나 던져보겠다. 왜 정도전은 하고많은 무장 중 이성계를 택했던 걸까? 이성계가 중앙 귀족들과 어울리지 못했던 아웃사이더였기 때문에? 최영과 어깨를 나란히 할 전쟁 영웅이었기 때문에? 물론 그런 것도 고려 대상이었을 것이다. 그러나 앞에서 정도전이 말한 '이 정도의 군대라면'이란 말의 문맥을 잘 살펴봐야 한다. 그만큼 이성계의 군대는 특별했다.

무신정권의 유산

이성계의 군대가 특별했던 이유를 더듬어 올라가다 보면 고려 말을 혼란에 빠뜨리게 한 '무신정권'이 나온다. 무신정권, 즉 무인 쿠데타의 주역은 정중부鄭仲夫, 이의방李義方, 이고李高라 볼 수 있는데 이 중 정중부는 고위직이었으며 온건 성향을 보였다. 무신정권의 핵심은 이의방이었다.

정권을 잡은 이의방은 같은 혁명동지였던 이고와 채원蔡元 등을 제거한 뒤 완벽한 일인 독재체제를 갖춘다. 그러나 독단적이고 오만방자하게 정권을 운영하던 이의방은 정중부의 아들 정균鄭筠에게 살해되고 4년 만에 이의방 정권은 막을 내린다.

문제는 이때부터인데 정중부는 이의방의 형제였던 이준의李俊儀와 이린李隣을 포함한 백여 명의 가솔을 저자에서 참수한다. 남은 이린의 일족은 정중부의 칼날을 피해 낙향하는데 이 이린의 손자 중에 이안사李安社가 있다. 이안사는 목조, 즉 이성계의 고조부다. 이성계는 이의방의 혈족인 것이다. 이안사는 관기 문제로 산성별감

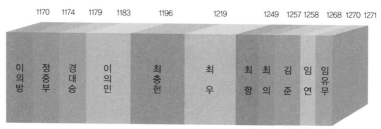

정중부의 무신 정변으로 고려의 문벌 귀족 사회가 몰락하고 최 씨 정권을 거쳐 몽고의 침입이 있기 전까지 무신정권이 계속된다.

의 비위를 거슬려 처벌받을 것을 눈치채고 자신들의 일족을 이끌고 전주에서 삼척의 두타산으로 이주했다가, 거기서 다시 산성별감과 마주하게 되어 또다시 가족과 자신을 따르는 170호를 거느리고 지금의 의주 지역으로 도망쳤다 원에 투항하고 만다. 이때의 일을 《조선왕조실록》에서는 이렇게 기록하고 있다.

> 쌍성雙城 이북(쌍성은 곧 영흥永興이다) 지방이 개원로(開元路, 원나라 때 설치한 행정구획의 이름, 지금의 길림성과 요녕 남부의 땅)에 소속되었고, 원나라 산길 대왕散吉大王이 와서 쌍성에 둔치고 있으면서 철령 이북 지방을 취하려고 하여, 사람을 두 번이나 보내어 목조에게 원나라에 항복하기를 청하니, 목조는 마지못하여 김보노金甫奴 등 1천여 호를 거느리고 항복하였다.
>
> —《조선왕조실록》 태조 총서 기록 중 발췌

이 투항이 바로 조선 왕조 개창의 시발점이다. 이안사는 쌍성총관부의 천호, 다루가치가 되고 이 직책은 계속 세습되어 증손자인 이자춘에게까지 이어진다. 이 99년간 이성계 일가는 전형적인 친원파로 살다가 이자춘 대에 이르러 원의 세력이 약화되자 자신이 지배하던 동북면의 지배권을 보장받는다는 조건으로 고려에 투항했고, 이들이 공민원 시절 쌍성총관부 수복의 선봉이 된다. 수복 직후 이자춘은 사망하고 고려 조정은 스물한 살이었던 이자춘의 아들에게 상만호 세습을 인정한다. 이성계란 이름이 역사에 등장하게 된 것이다.

고려의 시각으로 보자면 이성계 일가는 백 년 가까이 친원파로 살던 반역자였다. 생각 같아선 처단하고 싶었지만, 이 스물한 살의 애송이를 처단할 수 없었던 이유는 바로 그가 이끄는 군대 때문이었다. 이안사, 아니 이의방의 형제였던 이린부터 거슬러 올라가는 2백여 년의 세월 동안 이성계 집안에 충성했던 이성계 일족의 사병은 적으로 돌리기엔 너무도 두려운 존재였다.

이성계 힘의 근원 가별초

"동북면의 인민과 여진女眞으로서 본디 종군從軍하지 않던 사람까지도 태조가 군사를 돌이켰다는 소식을 듣고는 다투어 서로 모여 밤낮으로 달려서 이르게 된 사람이 천여 명이나 되었다."

—《조선왕조실록》태조 총서 기록 중 발췌

동북면 가별초家別抄를 혁파하였다. 이보다 앞서 동북면 함주 등 처의 양민 5백 가가 태조의 잠저潛邸 때에 역속役屬되어 그 수령들이 이들을 부리지 못하였는데, 그를 가리켜 가별초라 하였다. 임금이 즉위한 처음에 그 반半을 감減하여 속공屬公시켰는데, 이때에 이르러 모두 혁파하고…….

—《조선왕조실록》태종 11년, 1411년 6월 17일의 기록 중 발췌

고려 말기인 1388년에 요동 정벌의 장수였던 이성계, 조민수가 압록강의 위화도에서 군사를 돌려 정변을 일으키고 군사를 장악했던 사건인 위화도회군의 회군로.

첫 번째 기록은 위화도 회군 소식을 듣고 이성계의 부대에 합류한 동북면 사람들에 관한 내용이다. 마치 이성계의 뜻을 좇아 일반 양민들이 달려온 것처럼 보이지만, 실제로는 이성계의 가별초들이 혁명 전야에 힘을 보태기 위해 합류한 것이다. 두 번째는 태종 11년 6월의 기록으로 태종이 가별초를 해산했음을 확인할 수 있다. 부왕 이성계의 힘의 근원이었으나 사병 혁파를 정권의 최우선 과제로 삼았던 태종에게 이제 가별초는 껄끄러운 존재였다.

가별초는 어떤 집단이었을까? 〈태조실록〉을 보면 가별초에 대한 이성계의 각별한 대우가 잘 나타나 있다. "여러 장수들 가운데서 이성계만이 부하를 점잖게 대하고 평생 싫은 소리를 하지 않았기 때문에 다른 장수의 부하들도 그의 부하가 되기를 원했다"라는 기록이 남아 있다.

물론 《조선왕조실록》 성격상 태조 이성계에 대한 찬양 일색으로 도배돼 있는 게 당연하겠지만, 가별초에 대해서는 다시 한 번 생각해볼 여지가 있다. 가별초는 평시에는 이성계에게 역을 바치는 농민이었고 전시에는 칼을 드는 병농일치 집단이었다. 이성계의 경제적, 군사적 기반이었다고 할 수 있다. 그렇기에 이성계는 가별초를 각별히 아꼈고 그 대우에 소홀함이 없었다.

이성계의 가별초는 최소 1천 명 이상의 병력을 자랑했고, 수많은 전장을 함께 누빈 실전 경험이 있었다. 아울러 평시에는 같은 촌락에서 농사를 짓고, 누대에 걸쳐 이성계 일족의 휘하에서 생활했기에 그 충성도 역시 여타 장군의 사병과는 차원이 달랐다. 물론 개별적 충성도는 높았겠지만 다른 장군의 사병은 소수였다. 소수일 수밖에 없었던 건 경제력과 토지 때문이었다. 돈이 있어야 사병을 양성하고, 땅이 있어야 이들을 훈련시킬 수 있지 않겠는가? 이성계는 고려 말의 활약으로 여러 차례 공신에 책봉이 됐고, 그에 따른 포상금도 어마어마했다. 아울러 누대에 걸쳐 관리했던 함경도 지역에 꽤 많은 재산이 있었다. 조선이 개국할 당시 함경도 지역 토지의 1/3이 이성계의 소유였다는 것, 이것 하나만으로도 이성계의 재산 규모를 확인할 수 있다. 이성계는 가별초를 충분히 거두고 훈련할 만한 여유가 있었다.

그렇다면 다른 장수들은 어떤 식으로 군사를 운용했을까? 평시에는 소수의 사병이 개별 장수들 주변에서 개인적인 용도로 활용되다가 전시가 되면 이들 휘하에 시위패侍衛牌들이 모여들어 하나의 군대가 됐다. 시위패란 지방에서 군역을 지러 올라온 양인들을 말한다. 그 시초는 공민왕 시절 중앙군인 2군 6위를 보충한 데서 연원하는데 이들은 같은 도에서 올라왔다지만 그 구성이 복잡했고, 복무 기간이 끝나면 다음 순변인 농민들과 교대하는 방식이었기에 전투력과 개별 지휘 장수에 대한 충성도는 낮았다. 한마디로 질과 양적인 면에서 이성계의 가별초에 비해 현격하게 떨어졌다고 볼 수 있다.

고려 말 이성계의 라이벌이라 할 수 있었던 최영 장군은 어떠했을까?《고려사》를 보면 최영의 군사력에 대한 단편을 확인할 수 있는데 "종신토록 군사를 거느렸어도 면식 있는 자는 10여 인에 지나지 않았다"란 말이 나온다. 즉 최영 개인의 사병은 거의 없었다는 뜻이다. 최영의 무력기반은 근왕 친위대였던 우달치迂達赤와 성중애마成衆愛馬였다. 둘 다 왕실 경호를 위해 만들어진 집단인데 전투력은 이성계의 가별초와 견주기에는 무리가 따랐다. 특히나 성중애마는 애초부터 왕의 시중을 들거나 궁궐의 숙위를 위해 만들어져 각 관사에 속해 장관들의 시중을 들기도 하는 등 잡무에 많이 동원됐다. 그 소속도 문반이었으니 본격적인 전투 집단이라 보기에는 무리가 따랐다.

사병의 전투력과 충성도, 병력에 있어서 이성계는 당대 최고 최강이었다. 그렇기에 정도전의 입에서 "이 정도의 군대라면 무슨 일인들 성공시키지 못하겠습니까?"란 말이 나올 수 있었다.

조선 개국 후 정도전과 태종은 눈에 불을 켜고 사병 철폐와 정규군으로의 통폐합에 나섰다. 국가 통제 밖에 있는 군대는 그 숫자가 얼마든지 간에 통치권에 중대한 영향을 끼칠 수 있다는 걸 증명한 것이 태조 이성계와 그의 아들 이방원이었기 때문이다. 태종이 조선왕조 개국의 일등공신이라 말할 수 있는 가별초를 없앤 이유다.

어쩌면 고려의 그림자를 완전히 끊고 조선이란 나라를 시작했던 1411년 6월 17일이 이성계 일족이 보유하고 있던 가별초가 완전히 사라진 날이라고 볼 수도 있을 것이다.

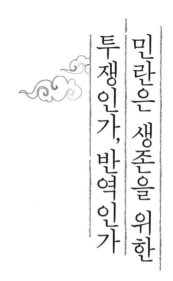

민란은 생존을 위한
투쟁인가, 반역인가

철종 13년 임술년에 조선 팔도에서는 총 71차례의 민란이 일어
난다. 이를 통틀어 역사에서는 임술민란이라 말한다.

여기서 우리가 염두에 두어야 하는 것이 바로 '민란'이란 단어의
의미다. 반정反正이나 역모는 사회 지도층 내부의 권력투쟁 결과 나
온 것이다. 즉 계획되고 정교화된 권력투쟁의 연장선상에서 이야기
가 진행되다 무력의 힘을 빌려 자신들의 권력 욕구를 충족시키는
행위다.

그러나 민란은 다르다. 농민이나 백성들에게 권력욕이 있었을까?
자식을 챙기고, 식구를 건사하는 것이 백성들의 최종 목적이다. 결
정적인 순간에 안정을 택하는 이들 또한 백성이다. 백성들은 지켜야
할 것이 있고, 그것을 위해 목숨을 거는 존재들이다. 그런 백성들이

들고일어났다. 그건 국가의 사회구조가 극도로 허약해졌다는 의미로 나라의 시스템 자체가 정지됐다는 것이다. 한 가지 더 생각해봐야 할 것이 임술년 한 해 동안에만 총 71차례나 민란이 벌어졌다는 것이다.

　1862년 3월 4일(음력 2월 4일) 우발적으로 일어난 단성민란을 시작으로 3월 14일(음력 2월 14일) 진주민란으로 백성들의 불만이 폭발한다. 이후 3개월 동안 삼남지방(경상도, 전라도, 충청도)과 중부지역의 광주, 북부지역의 함흥까지 퍼져나간다. 심지어 제주도에서도 민란이 벌어질 정도였다.

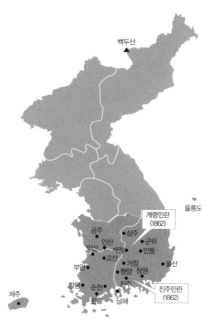

철종13년(1862년) 삼남지역을 중심으로 전국 각지에서 일어난 민란을 총칭하여 임술민란이라 한다.

민란의 성격과 규모도 점점 변해갔는데 처음에는 자신들의 불만을 표출하고 이를 시정해줄 것을 요구했지만 시간이 흐르면서 폭력적으로 변해 관아를 습격하고 동헌을 파괴하고 지방관인 수령을 능욕했다. 특히 행정의 최일선에서 백성들을 수탈하던 아전과 지방 토호들을 살해하고, 집을 불태우는 등 백성들의 불만이 그대로 표출됐다.

일부 세력이 사전에 계획해서 전국 각지에서 봉기했다면 민란을 수습하는 일이 더 어려웠을 것이다(철종과 안동 김씨 세력에게는 다행이었겠지만). 하지만 이 71차례에 걸친 민란이 어떤 조직적인 세력에 의해 계획된 것이 아니라 우발적이고 독립적으로 일어났다는 점에 진짜 문제가 있었다. 즉 사회 전반적으로 민란이 일어날 분위기가 형성됐고, 일순간에 확 터져 나온 것이다.

이해를 돕기 위해 예를 들자면 전국 각지에서 6·10 민주화 항쟁 같은 사건이 3개월 동안 71차례 집중적으로 일어난 것이다. 이미 나라의 행정 시스템은 정지됐다고 보는 것이 맞다. 도대체 철종 13년에 무슨 문제가 있었기에 전국 각지에서 민란이 일어났을까.

간단히 말하자면 삼정三政의 문란이 그 원인이었다. 경제 문제의 핵심이었던 삼정이 붕괴하니 사회 시스템 자체도 무너져 내리는 건 당연한 결과였다.

죽은 사람에게도 세금을 부과하는 나라

조선 시대 국가 경제 시스템의 근간을 이룬 것이 삼정이었는데 토지에서 세금을 거둬들이는 전정田政, 군대를 양성하기 위해 군포를 거둬들이는 군정軍政, 그리고 춘궁기를 극복하기 위해 정부가 빈민에게 미곡을 대여해주던 환정還政이 그것이다. 조선 후기 이 삼정이 붕괴된다. 하나씩 설명해보겠다.

첫째 전정이다. 조선의 조세구조는 크게 토지에서 거둬들이는 전세田稅와 기타 잡세로 나눌 수 있는데 기본적으로 농업 국가였던 조선에서 전세가 차지하는 비중은 상당했다. 그래서 토지의 소유관계나 생산성을 파악해 공평과세를 하기 위해 원칙상으로는 20년마다

종류	내용	문란
전정	**토지 1결당** · 전세 4두 · 삼수미 2두 2승 · 대동미 12두 · 결작 2두	· 은결: 토지 대장에 누락시켜 조세하지 않음 · 진결: 경작하지 못한 황무지에 전세 징수 · 도결: 매겨진 정액 이상으로 전세 징수 · 백지징세: 경작할 수 없는 공지에 전세 징수
군정	**정남 1인당** · 군포 1필 · 결작 2두	· 백골징포: 죽은 사람에게 군포 징수 · 황구첨정: 어린아이를 장정으로 편입해 군포 징수 · 강년채: 60세가 넘은 나이를 줄여 군포 징수 · 인징: 도망자의 군포를 이웃에게 징수 · 족징: 도망자의 군포를 친척에게 징수 · 동징: 도망자의 군포를 동네 사람에게 징수 · 마감채: 군포를 일시불로 받아들이는 것
환곡	**춘대 추납법** · 춘궁기에 농민에게 미곡 대여 · 추수기에 이자를 포함하여 회수	· 늑대: 강제로 곡식을 대여하고 이자 착복 · 분석: 겨를 섞어 양을 늘리고 이자 착복 · 반작: 출납 장부를 허위로 작성하여 이윤 착복 · 허류: 곡식을 빌려주고 창고에 있는 것처럼 작성 · 가분: 비상 식량을 빌려주고 이자 착복 · 증고: 정해진 가격보다 높은 이자를 받아 착복

토지조사를 하도록 법으로 명문화하였는데 조선 후기에는 이것이 유명무실화된다. 이를 안 했다는 건 세수 파악 자체를 포기한 것이나 마찬가지다. 게다가 은결隱結이라 해서 조세 대장에서 빠진 땅도 심심찮게 등장한다. 은결의 소유주는 대부분 가진 자들로 18세기부터 19세기에 이르기까지 계속 늘어만 갔다. 당연히 누락된 세금만큼 없는 자들, 백성들의 부담이 커졌다. 문제는 이뿐만이 아니었다. 아전들은 조세를 거둘 수 없는 땅에 세금을 부과하거나, 여러 가지 명목으로 법정 세액보다 많은 조세를 거두었고, 심지어 토지에서는 거둬들일 수 없는 세목까지 부가하여 징수하였다.

여기서 한 가지 짚고 넘어가자. 사극이나 각종 역사 사료에 등장하는 아전들이 백성들의 고혈을 뽑아먹는 부패관료의 전형처럼 그려지는데 이는 단순히 개인의 성품이 아니라 구조적인 문제였다. 조선은 가난한 나라였다. 재정상태가 극도로 허약했기에 중국에서 사신이 방문할 경우 접대비를 염출하기 위해 일반 관료의 녹봉을 깎아야 할 정도였다(1년 중 제대로 봉급을 받지 못하는 날이 더 많을 정도였다). 이런 상황이었기에 지방 관아의 아전들에게까지 봉급을 줄 여력이 없었다. 한마디로 아전들은 봉급을 받지 못했다. 결국 이들은 권력을 활용해 알아서 수익을 보전해야 했다.

둘째, 군정이다. 우리나라는 남자의 경우 일정 나이가 되면 징병되어 군대에서 2년간 복무하는 것이 원칙이다. 조선 초기에도 이런 식으로 국방을 유지했으나 시간이 흐를수록 직접적인 복무 대신 군포를 내고 역에서 빠지는 방법으로 점점 변해갔다. 그런데 과도한 군포 수취가 문제가 되어 백성들의 원망을 사게 된다. 이를 바로잡기 위해 영조 26년(1750년) 균역법이라 해서 16세 이상 60세 이하의 군역 의무가 있는 사람들에게 군포 1필씩을 받도록 법제화한다(일부는 전세에 부가되어 1결당 쌀 2두가 부과되기도 했다). 그러나 이 또한 대상자가 제대로 파악되지 않았고, 빠지는 사람이 태반이었다. 결국 조정에서는 고을에 몇 명이 사는지도 모른 채 군현 단위로 내야 할 군포를 할당제로 지정해 지방으로 내려보냈다.

그나마 제대로 할당되면 그럭저럭 참고 넘어갔겠지만, 고을마다 합법적 면제자가 넘쳐났다. 당장 양반, 이서, 역리, 승려, 교생 등과 같이 집안이 좋거나 특수한 직역에 종사하는 사람들은 군역에서 빠져나갔고, 그만큼의 부담을 농민들이 져야 했다. 이렇게 되자 군역을 피해 도망가는 사람들이 속출했고, 남아 있는 백성들은 더욱 살기 힘들어졌다. 백골징포白骨徵布, 황구첨정黃口簽丁, 족징族徵, 인징隣徵 등의 폐해가 심해져 가지지 못하고 배우지 못한 백성들에게는 말 그대로 지옥문이 열린 것이다.

셋째, 환정還政이다. 환정의 본래 목적은 흉년에 빈민들을 구제하기 위한 진휼賑恤이다. 보릿고개로 불리는 춘궁기에 비축해뒀던 곡식을 분배하고 가을에 받아들이는 제도였는데 여기에 일정 이자를 붙여 받았다. 제대로만 운영됐으면 누이 좋고 매부 좋은 제도였는데 6개월간 곡식을 빌려주고 받는 이자가 20퍼센트, 연리 40퍼센트의 고리가 된 게 문제였다. 여기에 탐관오리들의 착복과 구조적인 문제점이 결합되어 조선 후기가 되면 군량미의 교체(묵은 쌀을 소비하고 햅

쌀을 받기 위해)와 각종 기금 마련(지방 관청에서 필요한 돈을 확보하기 위해)에도 이 환곡이 활용되었다. 정부의 필요에 의한 어쩔 수 없는 운영까지는 백번 양보하고 넘어간다지만 탐관오리들의 착취까지 이어지자 환곡은 농민 수탈의 첨병이 된다. 조선 후기에는 필요 없다고 거절하는 이들에게까지 억지로 환곡을 떠넘겼고, 죽은 자나 도망간 자들이 빌렸던 환곡까지 이웃에게 대납하게 했다.

이렇게 풀어놓고 보니 민란이 일어나지 않는 것이 더 이상할 정도이다. 18~19세기 조선은 뱃속에 폭탄을 두르고 언제 터질지 몰라 전전긍긍하던 시기였다.

그렇다고 해서 백성들이 무조건 들고일어난 건 아니다. 기록을 보면 백성들은 예의를 갖출 만큼 갖췄다는 걸 확인할 수 있다. 영화 〈군도〉의 배경이 된 임술민란의 진원지였던 진주(임술민란을 진주민란이라 부르기도 한다)에서 보여준 백성들의 인내심은 현재의 시점으로 봐도 '초인적'이라고 부를 만하다. 백성들은 최대한 법적인 틀거리 안에서 자신들의 의견을 개진했고, 상황 개선을 위해 할 수 있는 모든 합법적 노력을 다했다. 임술민란의 막전막후를 시간대별로 확인해보자.

임술민란의 막전막후

1850년, 상소를 올려 환곡의 양을 감당할 수 없다고 호소한 박수익朴守益 등이 처벌된다.

1859년, 진주 농민들이 집단 상경해 환곡 문제를 비변사에 호소하자 비변사에서는 해결하겠다고 말했으나 실질적인 제도 개혁은 없었다.

1861년 5월, 신임 목사였던 신억申億은 환곡의 결손을 보충하기 위해 매 결 2냥 5전씩 거두고자 했으나 농민들이 이를 거부하고 유계춘柳繼春을 중심으로 비변사에 상소하자 징수를 포기한다.

1861년 겨울, 신임 목사 홍병원洪秉元이 다시 환곡 결손을 징수하려 한다. 이때 환곡 보유 실태를 정확히 파악하게 됐는데 그 결과 47,386석은 진주 백성들에게 대여했고, 이중 약 60퍼센트에 해당하는 28,649석은 경저리 양재수梁在洙와 전 목사 박승규朴承圭 등이 이미 착복하였다. 나머지도 조운선 운반 사공들에게 분배되어 실제로 창고에 보관된 환곡은 소량뿐이었다. 경상감사 홍병원은 증발된 2만 8천 여 석에 대해서는 이자를 탕감해줄 것을 조정에 건의하였으나 비변사에서는 2만 8천 석 중 8천 석만을 탕감하고 나머지 2만 석은 반드시 거둬들일 것을 명령한다.

1861년 11월, 비변사의 명령을 받은 홍병원은 환곡 물량을 확보하기 위해 토지에 부담을 지우고자 도결 징수를 시도, 백성들로부터 민의를 듣는 시늉을 하기 위해 향회를 소집하고 도결에 대하여 논의하도록 한다. 이때 각 면의 조세 담당자들은 도결 액수를 1결당 6냥 5전으로 결정하는데 이는 전임 목사 신억이 결당 2냥 5전을 거두려고 했던 것에 비해 배 이상 뛰어오른 액수였다.

1861년 12월, 도결이 결정되자 진주 백성들은 진주목과 경상감영에 이의 부당함을 호소했으나 성과는 없었다.

1862년 1월, 6냥 5전의 도결에 허덕이던 백성들에게 또다시 불합리한 수탈이 이어진다. 진주목의 도결에 묻어서 경상우병영에서 운영해왔던 환곡도 함께 보충하자는 최악의 방안이 나온 것이다. 경상우병영도 환곡을 운영했는데 서류상으로만 39,218석의 환곡을 운영했다. 그러나 4만 석 가까이 되는 환곡 중 약 60퍼센트에 해당하는 24,154석을 아전들이 횡령했다. 경상우병영의 우병사는 1월에 읍내 주민들을 불러모아 회유와 협박을 한다. 증발된 24,154석을 채우기 위해 약 6만 냥을 가구별로 분담토록 하겠다는 것이었다.

1862년 1월 29일, 진주민란의 실질적인 지도자였던 유계춘柳繼春은 환곡 보충을 위한 도결과 통환의 부당함을 설파하고, 이의 철회를 위해 수곡장시에서 논의하자고 결의하고 사방으로 통문을 돌린다.

1862년 2월 6일, 수곡장시 집회에서 유계춘과 이계열李啓烈 등 각 지역 대표자 3백여 명이 군중대회를 열었으나 관아에서는 요지부동이었고 다음 날 유계춘은 시위를 주도했다는 죄로 체포된다. 이에 반발한 진주 백성들이 민란을 일으킨다.

앞에서 진술한 상황을 보면 알겠지만, 백성들은 최대한 합법적으로 주장을 피력했으나 조정과 관리들은 이를 묵살하고 자신들의 잘못과 욕심으로 날려버린 환곡을 백성들에게 징수하려 했다. 그 결과가 바로 임술민란인 것이다.

조정에서는 사태의 심각성을 알고, 거기에 철종의 신분적 배경(원래 강화도에서 농부로 살아서 농민들의 심정을 잘 이해했는지 재위 기간 중 가장 활발히 활동했던 때가 바로 이 임술민란 때였다) 때문이었는지 민란을 수습하기 위해 다각도로 노력했다. 일례로 삼정의 문란을 개혁하기 위해 삼정이정청이라는 임시기구를 설치하며 민심을 잡으려 했으나 구호뿐인 개혁이었다. 이미 망조가 든 조선은 파국을 향해 달려가고 있었다.

결국 임술년에 있었던 71회의 민란은 각지에서 산발적으로 일어났다는 조직적 한계 때문에 제대로 뜻을 펼치지 못하고(애초에 지도부 내에서도 무력봉기를 찬동한 자, 찬동하지 않은 자로 나뉘어 제대로 뜻을 모으지도 못했다) 정부군에 의해 진압된다.

이때의 민란은 민초들의 실패한 혁명처럼 보이지만 훗날 동학농민혁명의 근간이 된다. 비록 실패했지만 민중혁명의 뿌리가 된 것이다. 조정에서는 안도의 한숨을 쉴 수 있었지만 어디까지나 한숨일 뿐이었다. 1862년을 기점으로 조선은 껍데기만을 부여잡은 망한 나라가 됐다.

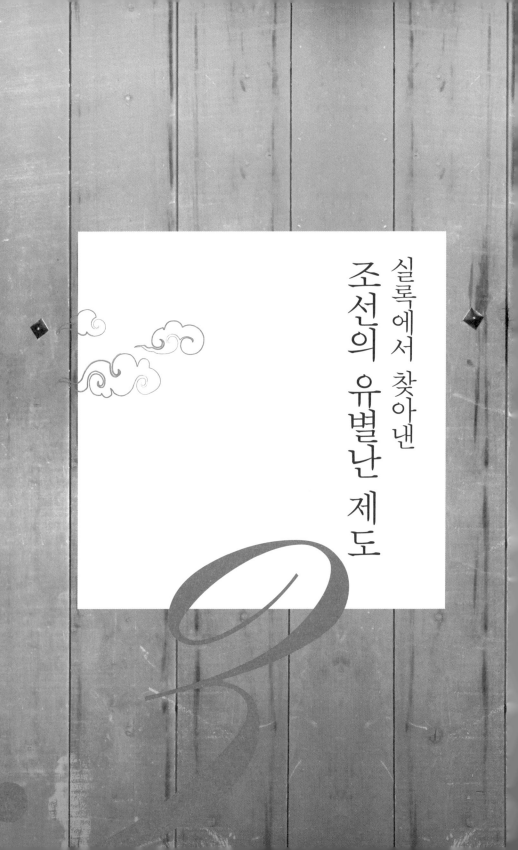

실록에서 찾아낸

조선의 유별난 제도

— 조선시대에도 논술 시험이 있었다
— 왕에게 돌직구를 던져야 하는 직업이 있다
— 사관, 바닥에 엎드려 역사를 기록하다
— 오직 독서를 위한 휴가가 있었다
— 진짜 양반과 가짜 양반을 구별하는 법
— 재테크에 눈뜬 노비, 재벌노비의 탄생

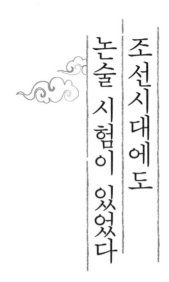

조선 왕조 5백 년을 지속시킨 인재등용 방법을 하나 소개할까한다. 바로 과거제도다. 일반적으로 과거시험이란 유교경전을 달달외우고 고루하기만 한 성리학적 유교 철학을 풀어내는 것이라 생각하겠지만, 조선은 그렇게 만만한 나라가 아니었다. 땅덩이는 좁고 자원도 부족했던 조선이 5백 년 넘게 그 명맥을 이어나갈 수 있었던이유는 과거제도로 대표되는 인재 양성과 선발, 그리고 활용 덕분이었다.

조선 시대에 태어나 관직에 나가고자 하는 사람이 과거에 합격하기 위해서는 평균 얼마 정도의 시간이 걸렸을까? 양반가에서 자식이 태어나면 다섯 살부터 과거시험을 준비시키는 게 일반적이었다.그렇게 해 개인 능력차야 있겠지만, 평균적으로 25~30년을 준비해야지만 겨우 합격할 수 있었다. 물론 사극이나 소설에서처럼 십대 때 과거시험에 합격하는 천재도 있었지만(율곡 이이를 '구도장원공九度將元公'이라고 칭하는데 아홉 번 시험을 봐서 아홉 번 모두 장원으로 급제했다는 뜻이다. 시대를 뛰어넘는 천재는 언제 어디서든 등장한다), 이는 극히 예외적인 경우다.

조선 왕조 5백 년 동안 과거에 급제한 사람은 대략 1만 5천여 명 정도 되는데 이들의 평균연령은 30대 후반이다. 말 그대로 청춘을 바쳤다 할 수 있다.

이들이 주로 어떤 과목을 공부했는지가 궁금할 것이다. 사극에서는 생원이나 진사가 과거시험을 포기한 실력 없는 사람처럼 묘사되곤 하는데 절대 그렇지 않다. 과거에 급제하기 위해 맨 처음 보는 것이 생원시와 진사 초시다. 생원은 유교경전을 가지고 시험을 보고, 진사는 시와 문장으로 시험을 친다. 전국적으로 7백 명에게만 합격증을 주는데 우리나라 사법고시 응시생 수준의 합격률이라고 보면 된다. 이 7백 명이 다시 소과 복시에 응시한다. 서울에서 보는 본고사다. 이때의 경쟁률은 7대 1로 백 명만 합격할 수 있다. 이렇게 합격을 하면 성균관에 들어가 공부를 한다. 유생이 되는 것이다. 그러고는 문과시험을 본다. 다시 추리고 추려 뽑은 33명의 합격자는 임금 앞에서 치는 전시를 보게 된다. 참 복잡하다. 1, 2, 3차 딱 세 번으로 끝나는 사법시험과 비교하면 얼마나 힘든 여정인지 확인할 수 있다.

주목해야 할 것이 임금 앞에서 치르는 최종시험인 전시다. 거르고 걸러서 뽑은 33명의 등수를 나누는 것이다. 어차피 합격한 건데 1등

삼일유가三日遊街 | 김홍도의 〈평생도〉 중에서 과거에 급제한 선비가 어사화를 꽂고 삼
현육각을 연주하며 3일 동안 길거리를 돌아다니는 장면.

이면 어떻고 33등이면 어떠냐고 생각할 수 있는데 그건 하늘과 땅
차이다. 전시 33인은 시험 성적에 따라 갑과 3명, 을과 7명, 병과 23
명으로 나뉜다. 갑과 1등, 그러니까 장원급제자의 경우에는 종 6품
의 벼슬이 제수된 것에 비해 병과 급제자들은 종 9품 관리직 생활
을 해야 한다. 일반적으로 근무해서 승진했을 때로 치면 자그마치 7
년이나 차이나는 품계였다. 여기에 더해 갑과 합격자들은 사헌부, 사
간원, 홍문관 등 요직에서 관리 생활을 할 수 있었으니 같은 행정고
시 합격자라도 누구는 5급 사무관으로, 누구는 4급 서기관으로 시
작하는 것과 다를 바가 없었다.

그렇다면 전시에서는 어떤 시험과목을 봤을까? 약 십여 가지 시험과목이 있었는데 이중 가장 많이 봤던 게 책策, 바로 책문策問이다. 책문이란 간단히 말하자면 조선판 논술시험이다. 놀랍지 않은가? 고루한 유교경전이나 시작詩作에 대한 문제가 나올 듯한데 생뚱맞게 논술이라니. 더 대단한 건 그 내용이다. 책문은 임금이 직접 신하들에게 의견을 구하는 것으로, 그 내용을 잠깐 살펴보자.

- 나라를 망치지 않으려면 왕이 어떻게 해야겠는가? (명종)
- 지금 이 나라가 처한 위기를 구제하려면 어떻게 해야 하는가? (광해군)
- 외교관은 어떤 자질을 갖추어야 하는가? (중종)
- 징벌이냐 화친이냐? (선조)
- 인재를 어떻게 구할 것인가? (세종)
- 6부의 관리들을 어떻게 개혁해야 하는가? (명종)

책문을 보면 당시 임금들이 어떤 고민을 하고 있었는지 혹은 정치, 사회현실이 어땠는지 확인할 수 있다. 달리 말하자면 조선 시대 청년 엘리트들이 세상을 어떻게 바라보는지, 또한 그 병폐를 어떻게 치료할지에 대한 관점이며 포부이자 해결방안이었다. 최고 의사 결정권자가 지금 막 관리 생활의 첫발을 내딛으려는 신입 관료들에게 세상에 대한 질문을 던진 것이다. 파격적이지 않은가?

더 대단한 건 이들이 내놓은 대책對策이다. 임금이 물었으니 신하가 대답하는 건 당연한 도리다. 그 대책은 지금으로 치자면 소장파

학자들이 내놓은 논문, 아니 논문 수준을 뛰어넘는 보고서였다. 오늘날로 치자면 국책 연구기관의 연구보고서에 해당한다. 무시무시한 건 이 보고서를 앉은 자리에서 써내야 한다는 것이다. 보통 아침에 시작되는 이 책문을 응시자들은 해질녘까지 붙들고 앉아 저마다 자기가 바라보는 세상과 그 세상을 어떻게 운영할지에 대한 마스터플랜으로 작성한 것이다. 유학만을 공부한 이들이기에 그 대책도 형이상학적이고 뜬구름 잡는 내용일 거라 생각하겠지만 절대 아니다. 책문은 각주와 인용문까지 포함된 꼼꼼한 형태로 말 그대로 논문이자 연구보고서였다.

조선을 뒤흔들었던 책문, 그리고 대책

조선 왕조 5백 년 동안 수많은 책문과 대책이 나왔는데 그중 가장 흥미롭다고 손꼽히는 것이 광해군 시절의 책문과 대책이다. 당시 시대상과 함께 광해군의 생각, 책문이라는 시험의 본질을 확인해볼 수 있다.

- 지금 가장 시급한 나랏일은 무엇인가? (광해군 3년)
- 섣달 그믐밤의 쓸쓸함, 그 까닭은 무엇인가? (광해군 8년)

광해군 3년 때 내놓은 책문으로 왕의 마음을 확인할 수 있다. 임진왜란이 끝난 지 몇 년 안 된 상황에서 나라는 피폐해졌고, 조선 사회의 근간을 이루었던 성리학적 질서도 무너졌다. 광해군에게는 지혜가 필요했다. 그런데 이 문제에 뜻밖의 대답이 나왔고, 광해군은 분노한다.

"과거시험에서의 응제문應製文은 정해진 법식이 있으니, 옛날 사람들은 아무리 과격하고 곧은 말이라도 모두 질문한 제목에 나아가서 도리와 욕심, 공과 사를 논했을 뿐이었다. 그런데 요사이 인심이 극악하여 오직 임금을 헐뜯고 욕하는 것을 능사로 여기고 있으니 너무나 무리하다. 내가 응시자 임숙영任叔英의 응제문을 보니 그 답이 질문에 대한 것이 아니고 별도로 제목을 벗어나 방자하고 거리낌 없이 패악한 말을 하였다."
　　　　　　—《조선왕조실록》광해군 3년, 1611년 3월 17일의 기록 중 발췌

광해군의 발언이다. 단단히 화가 난 모습이다. 대책을 내놓은 임숙영의 글이 광해군을 분노케 한 건데 임숙영이 쓴 글은 이렇다.

"임금의 잘못이 국가의 병이라는 것을 말씀드리는 것입니다. 전하께서는 자기 수양에 깊이 뜻을 두시되, 자만을 심각하게 경계하십시오. 삼가 죽음을 무릅쓰고 대답합니다."

나라의 문제점을 말하고 해결방안을 적으라고 했더니 임금이 잘못해서 나라가 이렇게 됐다는 답안을 내놓은 것이다. 임숙영의 말처럼 죽음을 무릅쓰고 내놓은 답안지였다.

왜 그랬을까? 우선 당시의 정치 상황을 살펴봐야겠는데 광해군은 북인을 정치적 기반으로 해 왕위에 올랐던 인물이다. 때문에 광해군 행정부 시절에는 자연스레 북인이 여당이 됐고, 북인 위주로 돌아가게 된다. 임숙영은 서인 출신이었다. 북인 위주로 돌아가던 당시 정치판에 돌직구를 날린 것이다. 광해군은 분노했고, 임숙영을 합격자 명단에서 빼라는 명령을 내리는데 이른바 삭과削科 파동이다. 상황이 이렇게 돌아가자 대신들이 나선다. 사간원, 사헌부, 홍문관에서는 4개월 내내 삭과의 명을 환수하라며 들고일어난다.

"그러나 분부하신 글제의 내용에 '숨김없이 말하도록 하라'고 요구하셨고, 또 '이밖에 말할 만한 것이 있느냐?'는 물음이 있을 경우에는 별도로 소회를 전달하며 촉휘觸諱를 꺼리지 않은 과격한 말일지라도 유사에게 발탁된 예가 많으니, 이는 옛날에 직언直言과 극간極諫을 구하는 뜻입니다. (중략) 이는 곧 전하께서 허심탄회하게 받아들이는 도량을 믿고 성명의 세상에 포부를 펴보고자 한 것이니, 그 말이 쓸 만하면 채용하고 쓸 만하지 못하면 용서하는 것이 옳습니다."

—《조선왕조실록》광해군 3년, 1611년 4월 5일의 기록 중 발췌

간관들뿐만 아니라 원임 대신들을 포함한 신료들이 벌떼처럼 들고일어나자 광해군은 결국 항복하고 만다. 4개월이 흐른 광해군 3년 6월 10일, "앞으로는 격식을 어기고 문제에 배치되는 글을 제멋대로 뽑을 경우, 유사가 마땅히 사정에 따른 책임을 지게 될 것이다"라는

타협책을 내놓았다.

임숙영의 경우는 처음이니 용납하겠지만 추후에 또 이런 일이 벌어지면 책임을 묻겠다는 것이다. 언로가 막히면 안 된다는 원론적인 이야기를 하기 전에 출사를 눈앞에 둔 관리 후보생에게 나라의 병폐와 그 해결책에 대해 물었고, 그 대책을 최고지도자가 읽었다는 것, 그리고 관리 후보생은 자신의 소신을 당당하게 밝혔다는 대목에 주목하기 바란다.

두 번째 책문은 좀 생뚱맞다. 광해군 8년의 것인데 21세기를 살고 있는 우리도 풀지 못하는 궁금증을 17세기 초에 물어보다니, 어떻게 보면 장난스러운 질문이라 할 수 있다. 하지만 이런 질문이 광해군 개인의 성향 때문에 나온 것은 아니란 점을 먼저 밝히겠다. 중종도 '술의 폐해를 논하라'란 책문을 낸 적이 있다.

조선 시대 왕들은 가끔 이런 생뚱맞은 질문들을 응시자들에게 던졌지만 장난은 아니었다. 이 질문을 통해 응시자들의 철학과 신념을 확인하려고 했던 것이다. 응시자들도 성실하게 답변을 했다. 광해군 8년 장원을 차지했던 이명한李明漢의 답변을 보면 확인할 수 있다.

"인생은 부싯돌의 불처럼 짧으니 학문에 힘쓰면서 흐르는 세월을 의연하게 받아들여야 한다."

멋있지 않은가? 1년의 마지막 날이 될 때마다 우리는 세월 무상이란 말을 입에 올리며 시간이 어떻게 흘러갔는지 기억을 더듬어보고 아무런 성취도 이루지 못했다고 한탄한다. 뭔가를 이뤘다 하더라도 빠르게 흐른 시간을 보며 아쉬워한다. 하루하루 학문에 힘쓰고 매일 충실하게 보내며 흐르는 세월을 의연하게 받아들인다는 당시 조선 선비들의 철학을 확인할 수 있는 대목이다.

오늘날의 인재채용은 어떠한가? 자소설이란 말로 대변되는 것이 바로 오늘날 인재채용의 모습이다. 응시자들의 면면을 보자면 한민족 역사 이래로 가장 교육을 잘 받았고, 가장 뛰어난 능력을 갖춘 인재들이다. 소위 스킬이나 스펙 면에서 최고란 평가를 받는다. 그러나 우리가 간과하고 있는 한 가지가 있다. 아무리 뛰어난 사람이라도 철학과 신념, 사고체계가 어떤가에 따라 그 스킬과 스펙이 독이 될 수도 있다. 조선 시대의 책문은 기술이 아니라 응시자의 철학과 신념을 확인하는 시험이었다. 그들은 아침부터 시작해 해질녘까지 평균 12미터가 넘는 답안지를 빽빽하게 채워가며 자신의 철학과 신념을 최고지도자에게 보여줬다. 그리고 왕은 그 안에서 앞으로 나라를 이끌어갈 방책을 찾기도 하고, 함께할 인재들의 철학과 신념을 엿보기도 했다. 이런 의견과 인재들이 모여 조선의 5백 년 역사가 만들어진 것이다.

정언正言 조구趙球가 와서 아뢰기를 "정수鄭洙는 형제가 서로 잘못하고 최을두崔乙斗는 군신·부자 사이에 잘못이 있으니 서경署經하기 어렵습니다" 하니 전교하기를 "대간이 아뢴 것을 오늘 대궐에 나온 재상에게 의논하게 하라" 하였다.

─《조선왕조실록》 성종 22년, 1491년 11월 11일의 기록 중 발췌

정언은 사간원의 정 6품 관리다. 그럼 정언 조구가 말한 서경이란 건 뭘까? 간단히 말하자면 임금이 5품 이하의 인사를 임명할 때 그 명단을 사헌부司憲府와 사간원司諫院에 내려 임명한 인사가 관직에 적합한지를 확인하는 인사 절차다. 만약 50일 이내에 서경을 하지 않으면 관원은 취임할 수 없다. 오늘날로 치자면 인사청문회 같

은 것이다. 이야기의 문맥을 보자면 정 6품인 조구가 감히 임금의 인사권에 딴죽을 거는 내용이다. 오늘날로 치자면 4급 서기관이 대통령의 인사권에 간섭하는 것이다. 더 대단한 건 성종의 발언이다. 대간이 말한 걸 재상에게 의논하게 하라 하니, 서기관이 반대하니 국무총리에게 다시 한 번 살펴보라는 것이다. 지금으로써는 도저히 이해가 안 가는 대목이다. 여기서 주목해야 할 것이 바로 사헌부와 사간원의 존재다. 조선의 대표적인 감찰조직 사헌부와 사간원(후에 홍문관까지 포함해 언론 삼사라 불리는데 이번 이야기에서 홍문관은 빼겠다)은 감찰을 맡고 있다는 점에서 비슷한 성격을 가지고 있지만 그 조직 분위기는 180도 달랐다.

사헌부는 오늘날로 치자면 검찰과 감사원을 합쳐놓은 것과 같다. 조직 분위기도 오늘날의 검찰과 크게 다르지 않았는데 엄격한 상명하복과 엄정하고 철두철미한 업무처리 모습을 보여주었다. 당연히 조직 분위기도 딱딱했는데 출근할 때면 부하 직원들은 섬돌 아래 내려가 도열을 한 채 상관들을 맞이했고, 퇴근할 때도 대사헌이 먼저 퇴청하면 품계에 따라 차례차례 돌아갔다. 업무 절차도 격식과 예의를 정해놓고 아전의 외침(오늘날로 치자면 알람시계라고 할 수 있다)에 맞춰서 움직였다. 조선 시대 다른 행정부 관리들과는 상당히 다른 모습이었다. 당연히 그럴 수밖에 없는 것이 사헌부가 맡은 업무가 한마디로 정의하자면 '사람 때려잡는 일'이 아닌가? 조금의 흐트러짐도 있어서는 안 됐다. 조정의 모든 신료가 사헌부의 일거수일투족을 지켜보고 있었기에 흐트러지려야 흐트러질 수 없었다.

혹시 야다시夜茶時란 말을 들어본 적이 있는가? 한자를 그대로 풀어보자면 밤중에 차를 마시는 일이라고 풀이할 수 있는데 사헌부 관리들은 밤중에 모여 차를 마시며 모의를 했다. 바로 비리 공직자들을 때려잡기 위해 회의를 한 것이다. 조선 시대 관리들은 사헌부에서 야다시를 한다고 하면 지은 죄가 없어도 자연스레 움츠러들 수밖에 없었다.

같은 듯 다른 사간원과 사헌부

그럼 사간원 분위기는 어땠을까? 한마디로 사헌부의 정반대라고 보면 된다. 사간원은 조선 시대 관료 중 가장 자유분방한 근무 형태를 보여줬는데 업무의 시작은 사헌부와 비슷했지만 업무가 끝나면 아란배鵝卵杯란 술잔을 챙겨 들고 술을 마시기 시작했다. 거위 알 모양의 아란배는 사간원의 상징과도 같은 술잔인데 이 큰 술잔을 챙겨 들고는 서로 주거니 받거니 하며 술판을 벌였다. 근무 모습은 더 가관이었는데 근무 중에 후원에 나가 옷을 벗고 드러눕기도 하고, 집무실 바닥이 싸늘하다고 사간원을 거쳐 간 선배 관원들의 이력부인 선생안先生案을 방석으로 사용하기도 했다.

기행도 일삼아서 자신들이 쓰던 표피나 녹피 방석을 다른 부서 관원들에게 빌려주고 술값을 받는가 하면 사간원 안에 있는 배나 대추를 따서 이걸 다른 부서 관원들에게 강매해 술값을 벌기도 했다. 나라에서 금주령을 내려도 이들만은 눈 하나 꿈쩍 안 했다. 사헌부 관원들이 서슬 퍼런 눈으로 관리들이 술을 마시는지 확인을 하고 다녀도 이들만큼은 태연하게 술을 마셨다. 오늘날로 치자면 공무원들에게 골프 금지령을 내렸음에도 당당하게 부킹을 하고 라운딩을 했다고 할까? 당시 사간원 분위기를 단적으로 확인할 수 있는 것이 이수광李睟光의 《지봉유설芝逢類說》에 실려 있다.

> "나는 밤낮으로 잔뜩 취해서 낯이 붉기 때문에 옷도 붉거니와, 너는 신산하고 차서 술도 마시지 못하여 안면에 항상 검은빛이 있기 때문에 옷도 검다."

당시 대신들은 검은 옷을 입고 간신諫臣들은 붉은 옷을 입었는데 이에 빗대어 대신들을 놀린 거다. 이 대목에서 둘 다 감찰기능을 하는 기관인데 어째서 사헌부와 사간원 분위기가 그토록 달랐냐는 의문이 들 것이다. 또한 놀라운 사실이 하나 더 있었는데 사간원의 예산권을 사헌부가 가지고 있었다는 점이다. 즉 사간원은 사헌부에서 돈을 타다 썼다. 그런데도 사간원은 왜 이런 특별대우를 받았던 것일까? 이유는 간단했다. 이들은 왕에게 직간直諫을 올리는 간신이었기 때문이다. 열 명도 채 안 되는 사간원 관원들은 목숨을 내놓고 임금에게 충간忠諫을 하는 것이 그들의 직무였다. 어지간한 배포가 아니라면 왕에게 바른말을 하기 어려웠을 것이다. 더군다나 잘못 말했다간 언제 목이 떨어져 나갈지 모른다. 그렇기에 이들은 관원을 뽑을 때도 신중했고, 한번 뽑은 관료라면 자기들만의 방법으로 교육을 했다. 처음부터 자유분방한 사고와 행동을 보장해줬다고 해야 할까? 절대 권력인 왕과 맞장을 떠야 하는 관원들이었기에 어떤 규제나 속박에서도 벗어나야 한다고 판단했다.

재미있는 사실은 이들이 사간원 생활을 마치고 다른 부서로 이임하면 다시 원래의 모습으로 돌아가 평범한 관리가 되었다는 것이다. 자리가 사람을 만든다고 할까? 아니면 왕

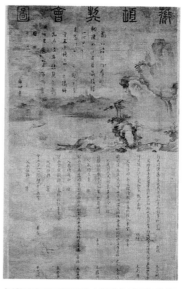

〈미원계회도薇垣契會圖〉 | 1540년 사간원 관리들의 친목모임을 그린 것으로 정치의 핵심 기관이자 언론 삼사 중의 하나인 사간원을 간원 또는 미원이라고도 불렀다.

에게 직간을 올리기 위해서는 억지로라도 이런 자유분방함이 필요했던 걸까?

목숨을 걸고 바른말을 하라

한민족 역사에서 왕에게 전문적으로 직간을 올렸던 관리들이 등장한 건 신라 태종 무열왕 때부터다. 당나라 관제를 그대로 좇았던 태종 무열왕은 임금에게 직간하는 사조직을 만들었다. 이게 고려 성종 대에 이르면 하나의 완벽한 제도로 편제되는데 바로 사헌대와 어사대다. 사헌대는 대신들을 상대했고, 어사대는 왕에게 직간하는

간신 역할을 했다. 조선으로 넘어와서는 사헌부와 사간원이 되었다. 여기서 주목해야 할 것이 고려 시대 때와 달라진 이들의 위상이다. 고려보다 왕권이 강화됐던 조선이기에 간신들의 권한은 축소됐지만 그 독립성은 고려 시대 때와는 비교도 안 됐다.

고려의 사헌대와 어사대는 중서문하성 낭사로 구성돼 있었는데 오늘날로 치자면 행정부 관료 중 젊고 패기 있는 인물들만을 모아 감사원으로 파견하는 형태였다. 쉽게 말해서 독립적인 기관이 아니라 행정부에 예속되어 있었다. 이런 상황이다 보니 형식상으로는 재상이나 고급관료들의 부하 직원인 셈이었다.

형식이 내용을 지배한다 했던가? 아무리 사명감이 투철하다 해도 자신의 상관을 탄핵할 정도로 배짱이 두둑한 사람이 나오기는 힘들었다. 그러나 조선 시대 사간원은 의정부나 6조에 속해 있지 않은 독립 기관이었다. 정승이나 판서들과 대등한 입장에서 정치적 발언을 할 수 있었던 것이다.

형식만이 아니라 그 내용 또한 충실했다. 사간원 관리라는 건 임금의 잘못을 직간하는 걸 업으로 삼고 있었기에 아무래도 왕의 눈밖에 날 수밖에 없는 자리였다. 심한 경우 목숨을 내놓아야 했고, 좌천이나 파직 등 인사상의 불이익도 감내해야 했다. 아무리 배짱이 두둑한 간원이라도 현실을 고민할 수밖에 없었다. 그래서 간원들에 대한 최소한의 안전책을 마련해두었다. 크게 두 가지인데 첫째, 사간원 관리가 좌천될 경우에도 최소한 지방으로 내쫓지는 못하게 한다 둘째, 파직이 된다 하더라도 파직 이후 복직되기 전까지를 근무 기간에 합산시켜준다였다.

잘리더라도 공백 기간을 근무 기간에 합산시켜준다는 게 무슨 의미일까? 언젠가 복직시켜주겠다는 뜻이며, 그동안을 근무 기간으로 인정해 진급에 불이익을 주지 않겠다는 의미다.

이렇게 대우가 파격적인 만큼 이들에 대한 기대도 컸는데 당시 조정 대신들이 간신들을 어떻게 바라보고 있었는지에 대한 일화를 하나 소개할까 한다.

"뜻밖에 지난번 연중筵中에서 갑자기 사간 송영구宋英耉가 신의 이름을 거론하면서 나태하고 졸렬함을 꾸짖기는커녕 감히 도리에 맞지도 않은 말로 면전에서 칭찬했습니다. 평범한 사람이 마을에서 어깨를 두드리고 기리는 말을 해도 얼굴이 붉어지는 법인데 지척의 임금 앞에서이겠습니까. 그곳이 어떤 곳인데 대관大官으로서 갑자기 그런 일을 당하니 놀라서 땀이 옷에 배어 목을 움츠리고 나왔습니다."

—《조선왕조실록》선조 34년, 1601년 6월 18일의 기록 중 발췌

이 내용은 영의정 자리에 있었던 이항복李恒福이 스스로 파직을 청하며 꺼낸 말이다. 사간의 일이란 게 대신들을 질타하고 임금에게 바른 소리를 해야 하는데 반대로 영의정인 자신을 칭찬했다는 것이다. 오성과 한음으로도 유명한 이항복이라면 간신에게 칭찬을 들을 만하지 않았을까? 그러나 이건 간신으로서의 직분을 저버린 행동이었다. 이항복의 말을 좀 더 들어보겠다.

"문 닫고 들어앉아 죽으려 했으나 그렇게도 하지 못하였습니다. 이제 듣건대 송영구는 이미 대간에서 체직되었다 하니, 신은 끝내 묵묵히 말을 하지 않음으로써 신의 생각을 저버릴 수 없었습니다."

—《조선왕조실록》 선조 34년, 1601년 6월 18일의 기록 중 발췌

간신에게 칭찬을 들었던 이유로 이항복은 죽음을 생각할 정도였고, 이항복을 칭찬했던 송영구는 대간직에서 쫓겨났다. 선조는 이때 송영구 같은 자가 간신이 된 게 조정의 수치이긴 하나 이항복의 잘못이 아니라며 안심시켰다. 이것이 당시 간신들에 대한 왕과 조정 대신들의 생각이었다.

간신이 목숨을 걸 수 있는 환경을 만들어주고 배려를 아끼지 않은 이유는 누구의 눈치도 보지 말고 마음껏 직언하라는 것인데 그 본분을 잊고 대신을 칭찬했다면 이미 간신의 자격이 없다는 것이다. 언로가 막히지 않고 바른말하는 신하가 많아야만 나라가 망하지 않는다는 걸 알고 있었기에 조선은 제도적으로 간신들을 육성하고 보호했다.

《효경孝經》에 "천자는 쟁신諍臣 7인만 있으면 비록 무도하더라도 그 천하를 잃지 않고, 제후가 쟁신 5인만 있으면 비록 무도하더라도 그 나라를 잃지 않으며, 대부가 쟁신 3인만 있으면 비록 무도하더라도 그 집을 잃지 않는다"라는 말이 나온다. 조선은 이 말뜻을 잘 알고 몸소 실천한 나라다.

사관, 바닥에 엎드려 역사를 기록하다

사극을 보다 보면 언제 어느 때고 빠지지 않고 등장하는 인물이 있다. 왕이나 신하들이 정치 이야기를 할 때마다 그 옆에서 열심히 받아 적고 있는 인물, 바로 사관史官이다.

언제 어느 때고 왕이 입을 열면 이를 죄다 기록으로 남겨야 했던 사관. 이런 사관들이 불편했던지 조선 시대 왕과 권력자들은 이들의 기록행위를 불쾌해했고, 심지어 방해도 했다. 하긴 기록이란 것이 후세에 역사를 전달하자는 의도도 있지만, 임금의 무한권력을 견제하자는 데 방점이 찍여 있기도 하지 않은가. 자신의 행적이 고스란히 기록된다고 생각하면 함부로 국정을 운영할 수 없었을 것이다. 그러니 당연히 사관이 달갑지 않았다.

그런데 보통 TV에서는 사관들이 책상에 앉아서 임금과 대신들의 대화를 받아 적는다. 정말로 왕의 지척에서 양반다리로 앉아서 글을 썼을까? 조선 초기라면 이는 잘못된 고증이다. 좀 더 정확히 표현하자면 성종 20년이 되어서야 사관들은 겨우 앉을 수나마 있게 되었기 때문이다. 그럼 그 전에는 어떤 자세로 글을 썼을까? 사관들은 엎드려서 받아 적었다.

엎드려 글을 써야 했던 사람들

조선 개국 이후 백 년 동안이나 엎드려 글을 써야 했던 사관들. 그들은 치열한 투쟁을 통해 앉아서 글을 쓰는 이 당연한 모습을 얻어냈다.

예문관 봉교 강거효姜居孝 등이 상소하기를 "사관의 직책은 임금의 좌우에 있으면서 언동言動을 갖추 기록하여 후세에 밝게 보이게 하는 것입니다. (중략) '기거起居는 마땅히 임금의 말과 표정과 거동을 보고 써야 하는데, 만약 뒤에 섰으면 다 볼 수가 없다'고 하여, 이에 어좌 앞에 옮겨 서게 하였으니, 이것이 가장 근고近古의 일입니다. 이로 말미암아 일의 기요機要와 말의 비밀과 사람의 충성되고 간사함을 모두 쓸 수가 있는데, 신 등은 모두 못난 재질로 사관史官의 자리에 있으면서 직책을 다하기를 생각하나 시대의 제도에 인순因循하여 옛적과 맞지 아니함이 있습니다."

― 《조선왕조실록》 성종 5년, 1474년 9월 23일의 기록 중 발췌

강거효의 요구사항은 크게 세 가지였다. 첫째, 사관들은 늘 궁의 구석에서 글을 써야 했는데 이러다 보니 임금과 대신들의 말이 잘 안 들린다, 가까운 자리에서 글을 쓰게 해달라. 둘째, 경연할 때 사관들은 제일 나중에 입장하는데 이럴 경우 중요한 이야기를 사관이 들어오기 전에 하는 경우가 많다. 그러니 사관들은 제일 먼저 입장하고, 제일 나중에 퇴장하게 해달라. 셋째, 주요한 문제의 경우 국가기밀이란 명목하에 사관들을 강제로 퇴장시키는데 이를 시정해 달라.

어찌 보면 당돌한 요구라 할 수 있겠지만 사관들로선 자신들의 존재 이유와 관련된 문제였다. 성종 5년에는 성종이 아직 친정체제에 들어가기 전이었다. 정희왕후가 수렴청정하던 때로 이때 국정의 주도권을 쥔 자들은 성종의 장인인 한명회韓明澮를 비롯한 훈구대신들이었다. 이들은 자신들의 말과 행동이 역사에 기록되는 것이 못내 불편했다.

"사관은 국초 이래로 승지 뒤에 앉고 조계朝啓에는 의정부·육조·대간이 모두 먼저 나간 뒤에 여러 승지와 더불어 일시에 나가므로, 대간의 아뢰는 일을 보고 듣지 아니함이 없는데, 하필 전폐殿陛 좌우에 앉은 연후에야 일을 기록할 수 있겠습니까? 예전대로 하는 것이 어떠하겠습니까?"
— 《조선왕조실록》 성종 5년, 1474년 9월 23일의 기록 중 발췌

정인지鄭麟趾가 총대를 메고 사관들의 요구가 얼마나 부당한지에

대해 반박을 한 것이다. 뒤이어 우부승지 김영견金永堅과 동지사 이승소李承召 등이 이런 전례가 없다는 이유로 예전처럼 하는 것이 옳다는 반응을 보인다. 자신들의 이야기를 누군가가 보고 듣고 기록한다는데 마음이 편할 사람이 몇이나 되겠는가? 더구나 이들은 권력 실세들이 아니었던가? 세조 시절 계유정난이라는 비상식적인 방법으로 권력을 찬탈하고, 왕위 계승 서열 1위였던 제안대군과 2위였던 월산대군을 끌어내리고 3위였던 자을산군, 그러니까 성종을 왕위에 올렸던 이들이었기에 숨겨야 할 감추고 싶은 이야기가 많았을 것이다.

여기서 잠깐 성종 이야기를 해보자. 역사상 성종은 성군으로 추앙받았다. 성종이 세종이나 정조에 비해 그렇게 뛰어난 업적을 이룬 것도 아닌데 꽤 괜찮은 왕으로 기억되는 이유 중 상당수는 바로 신하들의 평가 덕분이었다.

성종은 신하들의 입맛에 맞는 왕이었다. 열세 살 어린 나이에 얼

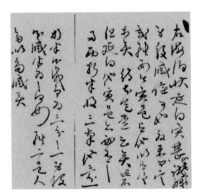

사초 | 승정원일기의 기초가 된 사초는 사관이 국가의 모든 회의에 참여하고 보고 들은 내용과 자신이 판단한 논평을 그대로 기록한 것으로서 역사적 사실과 함께 당대 사관들의 역사인식까지 담겨져 있다.

떨결에, 그러니까 한명회가 장인이라는 이유만으로 왕위에 오른 성종은 스무 살이 될 때까지 수렴청정을 받는다. 즉 실권은 대비였던 정희왕후와 훈구대신들에게 있었다.

그사이 성종은 자의 반 타의 반으로 유교적 덕목에 충실한 왕으로 키워진다. 세조나 태종처럼 신하들의 의견을 묵살하는 것이 아니라, 신하들의 이야기를 경청하고 유교적 소양을 기본으로 나라를 다스리는 것이 최상의 가치라고 배운다. 물론 성종도 친정체제에 들어가서는 자신의 의견을 제시하고 왕다운 카리스마를 보여주려 하지만 번번이 신하들의 의견에 굴복하고 혼자 화를 삭이기를 반복해야 했다. 어린 시절 받았던 교육이 늘 발목을 잡은 것이다.

사관들의 투쟁기

다시 사관 이야기로 돌아가면 성종 5년에 있었던 사관들의 반란이 허무하게 끝나고 10년의 세월이 흐른 성종 16년(1485년) 윤4월 때 사관들의 2차 반란이 일어난다. 성종이 친정을 시작하고 10년이란 세월이 흐른 성종 16년, 성종이 신하들의 의견에 귀를 기울일 줄 아는 나름 명석한 임금이라는 평가를 받던 시절이었다. 유교적 소양과 교양을 쌓은 성종이었기에 신하들의 의견은 일단 경청하고 봐야 한다는 강박관념 같은 게 있었던 것 같다. 이런 성향을 알고 있었는지 사관들이 다시 들고일어났다.

"사관은 임무가 중하여, 무릇 경연經筵과 조계朝啓 때에 사관 두 사람이 모두 입시入侍하지만, 경연에는 사관이 전내殿內에 들어가서 상교上敎와 제신諸臣이 아뢰는 바를 모두 상세히 들어서 기록할 수 있는데, 조계에는 외전外殿에 부복俯伏하여 계사啓事하는 사람도 얼굴을 보지 못하니, 어찌 아뢰는 일을 상세히 들을 수 있겠습니까?"

—《조선왕조실록》성종 16년, 1485년 윤4월 11일의 기록 중 발췌

당시까지만 하더라도 사관들은 외전의 한 귀퉁이에서 납작 엎드려 글을 써야 했다. 위의 주장 중 눈여겨봐야 하는 대목이 '계사하는 사람도 얼굴을 보지 못하니'란 부분이다. 대화할 때 서로 얼굴을 마주 본다면 말하는 사람이 누구인지 분명히 알게 되고 설사 발음이 잘 들리지 않더라도 입 모양으로 추측할 수 있다. 얼굴을 보는 것만으로도 기록의 정확도를 높일 수 있는 것이다. 결정적으로 엎드려 글을 쓰다 보면 자세가 흐트러져 제대로 필기를 할 수 없다. 그러다 보니 다시 정서할 때 글씨를 알아보기 힘들고, 체력적으로도 문제가 많았다. 사관은 이 부분을 지적한 것이다. 그러나 성종의 반응은 부정적이었다.

"그것은 유래가 이미 오래다." 백 년 동안 엎드려서도 잘 써왔는데 이제 와 굳이 바꿀 필요가 있느냐는 논리였다. 성종의 떨떠름한 반응을 지켜보던 기사관 하윤河潤과 한구漢九가 지원사격에 나서지만 성종은 요지부동이었다. 왕도 자신의 일거수일투족이 기록되는 것이 부담스러웠던 것이다. 그렇게 2차 반란도 무산되는 듯 보였지

만 사관들은 끈질겼다. 성종 20년 검열 이주李冑가 다시 이 문제를 들고 나온다.

"신 등은 직책이 일을 기록하는 데 있사온데, 무릇 신료들이 일을 아뢸 때 땅바닥에 엎드리어 머리를 들지 못하므로, 다만 그 음성만 듣고 용모를 보지 못하니, 어찌 능히 그 사람을 분변할 수 있겠습니까? 이것으로 인하여 '일을 기록하는 데' 의심스러운 점이 없지 않을 수 없습니다……" (중략) 하니, 임금이 말하기를 "그렇다면 서서 일을 기록하려 하는가?" 하였다. 이주가 아뢰기를 "신은 서려고 하는 것이 아닙니다. 엎드려서 일을 기록하면 마음에 의심스러운 점이 있고, 또 옛날에는 좌사左史가 말을 기록하고, 우사右史가 일을 기록하였으니, 옛날의 사관은 반드시 좌우로 나눈 것이 분명합니다. 신이 또 듣자오니, 중국의 사관은 지필을 잡고 황제의 좌우에 선다고 합니다. 중국의 제도도 이미 이와 같으니, 땅바닥에 엎드리어 일을 기록하는 것은 신은 옳지 못하다고 여깁니다."

— 《조선왕조실록》 성종 20년, 1489년 8월 27일의 기록 중 발췌

이주의 논리는 일견 타당해 보였다. 사람의 얼굴을 똑바로 바라봐야 구분할 수 있고 제대로 기록할 수 있다는 것이다. 중국의 제도까지 언급하며 엎드려 글을 쓰는 건 옳지 못하다고 말한다. 사관들로서는 근무환경과 개인적인 건강이 걸린 중차대한 문제였다. 게다가 기록의 정확성도 담보할 수 있었다. 그러나 문제는 한둘이 아니

었다. 감히 임금 면전에서 꼿꼿이 고개를 들고 있는 것도 문제였다. 신하 중에서도 반대하는 자들이 등장했다. 이때 타협안이 나온다.

> 검토관 김전金詮은 아뢰기를 "사신이 땅에 엎드리는 것은 신은 불가하게 생각합니다. 고사古史에 '이필자珥筆者'라고 한 것을 어느 사람이 '사관'이라고 하였으니, 옛날의 사관은 엎드리지 않았던 것이 분명합니다. 신의 뜻으로는 사관 두 사람이 지필을 가지고 좌우에 꿇어앉으면 조의朝儀에도 문란하지 않을 듯합니다."
>
> —《조선왕조실록》 성종 20년, 1489년 8월 27일의 기록 중 발췌

이필자珥筆者란 직역하자면 붓을 꽂은 사람이라는 의미다. 옛날 사관들은 붓을 관 옆에 꽂고 있다가 필요할 때 이를 뽑아서 기록했다는 고사를 들고 나와 엎드려 글을 쓴 게 아니란 논리를 내세운 것이다. 물론 앉아서 글을 쓴다는 건 임금의 시선으로 보자면 건방져 보일 수도 있기에 여기에 대한 대비책도 같이 내놓는다.

'좌우에 꿇어앉으면……'이라는 대목인데 양반다리로 앉는 게 아니라 무릎을 꿇고 앉는다면 임금에 대한 예의도 차리면서 제대로 된 기록을 할 수 있다는 논리였다. 논의가 여기까지 이르자 신하들도 찬성 의견을 내놓았고, 결국 성종의 입에서 "이제부터 사관은 앉아서 일을 기록하라"란 말이 나온다. 조선이 개국한 지 97년 만에, 처음 의견이 나온 지 15년 만에 일궈낸 사관들의 승리였다.

우리가 사극에서 보는 사관들은 양반다리로 편하게 앉아서 글

을 쓰지만 고증으로만 보자면 이는 잘못된 모습이다. 조선 시대 사관들은 무릎을 꿇고 글을 썼다. 이 모습도 조선이 개국하고 백 년이 지난 뒤에야 가능했던 모습이다. 그나마도 어린 시절부터 유교적 교육을 받았고 신하들의 의견에 귀를 기울여야 한다는 강박을 가지고 있었던 성종이었기에 이런 성과를 얻어낼 수 있었다. 성종이 아니었다면 오늘날 우리는 TV 사극에서 엎드려 글을 쓰는 사관들을 봐야 했을지도 모른다.

오직 독서를 위한 휴가가 있었다

"독서당에 문학하는 선비를 모아 강습 토론하게 하는 것은 학문의 성취를 기다려서 크게 쓰자는 것이니, 경솔하게 혁파하여 이랬다저랬다 하지 말아야 하며……."

—《조선왕조실록》중종 7년, 1512년 7월 2일의 기록 중 발췌

"독서당의 인원은 마땅히 전심하여 수련해야 할 것이니, 지금부터는 본사에서 상시 근무하기를 계청하지 말도록 하라."

—《조선왕조실록》중종 9년, 1514년 11월 16일의 기록 중 발췌

첫 번째 이야기는 흉년을 맞은 조선에서 독서당을 없애 예산을 절약하자는 의견이 나오자 이를 거부하는 중종의 모습이다. 두 번

째는 독서당에 보낸 관료들에게 예전 부서의 상사들이 찾아가 업무 문의를 하는 것을 금지하라는 중종의 당부다. 여기서 얘기하는 '독서당'은 도대체 뭐하는 곳이었을까?

서울 옥수동에 살았던 사람이라면 독서당에 관해 들어봤을지도 모르겠다. 옥수동에서 약수동으로 넘어가는 고갯길을 지금도 '독서당길'이라고 부르고 있다. 이름만 보면 말 그대로 책을 읽는 곳이란 느낌인데, 맞다. 지금으로 치자면 교수들의 안식년쯤으로 이해하면 빠를 것이다. 조선 시대, 똑똑한 청년 관료들을 따로 뽑아 오로지 책만 읽게 한 것이다. 그 시작은 세종대왕 시절까지 거슬러 올라가는데 세종 8년(1426년) 겨울에 세종대왕은 집현전의 전도유망한 청년 관료 세 명을 친히 부른다. 바로 권채權採, 신석견辛石堅, 남수문南秀文인데 이들에게 이런 지시를 내린다.

"내가 너희들에게 집현관을 제수한 것은 나이가 젊고 장래가 있으므로 다만 글을 읽혀서 실제 효과가 있게 하고자 함이었다. 그러나 각각 직무로 인하여 아침저녁으로 독서에 전심할 겨를이 없으니, 지금부터는 본전本殿에 출근하지 말고 집에서 전심으로 글을 읽어 성과를 나타내어 내 뜻에 맞게 하고, 글 읽는 규범에 대해서는 변계량卞季良의 지도를 받도록 하라."

— 《조선왕조실록》 세종 8년, 1426년 12월 11일의 기록 중 발췌

사가독서제賜暇讀書制의 시작이다. 인사가 만사라는 생각으로 당

장 인재를 끌어와 쓰기보다는 잘 키워 훗날 더 크게 활용하자는 생각이었던 것이다. 문제는 이렇게 책을 읽을 수 있도록 휴가를 줬는데 주변 사람들이 이들을 그냥 내버려두지 않았다는 것이다.

"집에 있으면 사물事物과 빈객賓客을 응접應接하지 않을 수 없으므로 산속에 있는 한가하고 고요한 절만 못합니다."

—《조선왕조실록》 세종 10년, 1428년 3월 28일의 기록 중 발췌

사가독서를 마치고 돌아온 김자金赭에게 물었더니 이런 보고를 올렸고, 세종은 2차로 사가독서를 간 성삼문成三問, 신숙주申叔舟, 서거정徐居正 등에게 집 대신 절로 들어가라는 명을 내린다. 이후 유교 국가 조선에서 유학자를 절로 보내는 것은 꺼림칙하다는 의견이 나와 지금의 마포 한강변 빈 사찰을 개조해 독서당讀書堂이라는 국가 연구기관을 세운다. 몇 번의 부침이 있었지만 독서당은 그 명맥을 이어나갔고, 세종 8년부터 영조 49년 때까지 총 48차례 320명의 젊은 관료들이 사가독서를 경험한다.

지금의 기준으로 보자면 그냥 안식년 한 번 받은 게 무에 그리 대수냐고 생각할 수도 있겠지만 사가독서에 선출된 젊은 문신들은 사가 문신이라 불렸으며 상당한 영예로 여겼다. 또 그만큼 대우도 좋았다.

젊은 문신들을 뽑았기에 직급은 대부분 당하관급, 지금으로 치자면 서기관급 수준이었지만 대우는 당상관급으로 해주었다. 차관

급 대우다. 중종 시절 흉년이 들었을 때도 중종은 훗날 이들을 높게 쓰기 위해 따로 가려 뽑은 것이니 계속 지원해야 한다고 말한다. 실질적인 혜택도 파격적이었는데, 대제학大提學이란 직책을 들어본 적이 있는가? 조선 시대 선비들은 영의정보다 대제학 자리를 더 높게 보고 영광으로 생각했다. 조선의 학문을 총괄하는 자리라는 인식 때문이었다. 오늘날로 치자면 교육과학기술부 장관과 서울대 총장 자리를 합쳐놓은 자리다. 이 대제학 자리는 독서당을 거친 사람 중에서만 임명하도록 제도화했다.

조선 왕조 5백 년 동안 사가독서제를 운영했던 이유는 젊고 유능

〈독서당계회도讀書堂契會圖〉 | 조선 시대 국가의 중요한 인재양성을 위한 독서연구 기구인 독서당을 배경으로 그린 계회도다.

한 인재를 발굴하고 이들을 잘 키워서 좀 더 큰일을 시켜야 한다는 생각에서였다. 그리고 인재를 키우기에 가장 좋은 방법이 독서라는 판단을 내렸다. 중종 시절 독서당에 파견 보냈던 이들을 찾아가 업무 문의를 하는 것을 보고 중종이 화를 냈던 이유가 바로 여기에 있다. 아무런 방해도 받지 않고 책을 읽고 연구에 힘쓰라고 보낸 것은 훗날 크게 쓰기 위함인데 당장의 곤란함 때문에 이들을 방해하는 건 나라에 큰 폐단을 끼치는 것이나 마찬가지였기 때문이다. 사가 문신들에 대한 왕과 조정 대신들의 기대는 이렇듯 컸다. 그리고 기대에 부응해 사가 문신들은 역사의 전면에 나서서 맹활약을 했다.

진짜 양반과 가짜 양반을 구별하는 법

대한민국 인구센서스 조사 결과를 보면 한 가지 의문을 품게 만드는 통계가 있다. 대한민국 모든 사람이 다 성씨가 있었다는 것이다. 더 충격적인 것은 인구의 절반 이상, 수치로 따지자면 약 54퍼센트가 거대 성씨인 김 씨, 박 씨, 이 씨, 정 씨, 최 씨였다는 점이다.

경주 김씨 구성원만 150여만 명이 넘었다니 상식적으로 이해가 가지 않는다. 신라 왕족의 후예가 이렇게 많을 수 있다니? 다른 성씨도 마찬가지다. 게다가 우리나라 사람들 대부분이 자신은 양반의 후예라고 굳게 믿고 있다.

고향에 내려가면 누구나 족보가 있고 몇 대조 거슬러 올라가면 전부 벼슬 한 자리씩은 한 '뼈대 있는 집안'이라고 자랑하는 걸 보면 거짓은 아닌 듯 보인다. 우리나라가 단일민족이라 그런 걸까? 아니면 원래 우리 민족이 뼈대 있는 양반들로만 구성되었던 걸까?

분명 조선 초기만 하더라도 양반 비율은 전체 인구의 3~4퍼센트 정도밖에 안 되었고, 양반 수를 조절하기 위해 4대 내에 벼슬살이를 하지 않으면 양반 자리에서 밀려나게 하는 엄격한 통제조치도 있었건만 어째서 양반이 이렇게 많아졌을까? 같은 시기 서유럽에서 sir(경) 호칭을 받는 귀족의 숫자가 전체 인구의 3퍼센트 비율로 유지되고 있었던 것과는 분명 대조적이다.

돈을 주고 사는 가짜 양반

그 이유를 알 수 있는 단초가 되는 것이 박지원의 《양반전兩班傳》이다. 강원도의 가난한 양반이 자신의 양반 권리를 지체 낮은 부자에게 넘겨주고 빚을 탕감받는다는 것이 소설의 골자인데 그러면서 양반의 무능과 허례, 특권에 대해 풍자한다.

중요한 건 양반의 권리다. 조선 시대 양반은 사회 지도층이라는 이유 하나만으로 각종 혜택을 받았다. 세제 감면은 물론 인조 때가 되면 군역까지 면제된다.

그만큼 양반이란 명예와 혜택은 많은 이들에게 선망의 대상이 됐지만, 그렇기에 쉽게 얻을 수 있는 것도 아니었다. 하지만 임진왜란이 끝나고 신분질서가 와해되면서 돈 있는 중인이나 상민 계층의 인식이 바뀌었고, 대동법 시행 이후 상업 거래량의 폭발적 증가로 갑자기 졸부가 된 이들은 양반 신분을 획득하겠다고 나선다.

공명첩 | 조선 시대에 받는 사람의 이름을 쓰지 않고 발행한 백지 임명장 공명첩을 팔았다. 나중에 써서 이름이 다른 글씨보다 작은 최춘건의 공명첩.

 돈만 있다면야 양반은 노려봄 직한 신분이었다. 명예는 물론 실질적 혜택은 많은 이들의 가슴을 요동치게 하였다. 세금이나 부역, 군역 등 모든 의무에서 해방되고, 더 나아가 사회적인 존경까지 덤으로 얻으니 이보다 더 좋을 수 없었다. 문제는 상민이나 중인이 정상적으로 양반이 되는 방법은 거의 없었다는 점이다. 과거시험에 합격해 벼슬살이하는 게 가장 빠른 방법이겠지만, 문관으로 나서서 녹봉을 받을 수 있는 자리는 불과 500여 개 정도밖에 없었고, 그나마도 진짜 양반들끼리 피 튀기는 혈투를 벌이고 있어서 손써볼 도리가 없었다.

 그나마 현실성 있는 게 공명첩空名帖을 사는 방법이었다. 공명고신첩空名告身帖이라고도 하는데 나라에서 재정적으로 어려울 때 돈을 받고 벼슬을 파는 것이다. 실무는 없는 명예직이었으므로 행정적으로도 큰 문제가 없었다. 공명첩을 받은 이는 벼슬을 받는 것이므로 양반으로 행세할 수 있고, 죽고 나서 지방에다가 학생부군신위라 쓰지 않아도 되었기에 꽤 인기가 있었다. 임진왜란 전후로 해서 재정 확보를 위해 남발된 일종의 국채다.

하지만 사회가 안정기로 돌아서자 돈으로 양반이 되는 길은 다시 막혔다. 물론 조정에서는 재정 악화를 빌미로 시시때때로 공명첩을 찍어냈지만, 언제까지 공명첩만 바라볼 수는 없는 일이었다.

양반을 증명하는 방법

조선 시대에는 자신이 양반임을 어떻게 증명했을까? 가장 확실한 증거라면 홍패紅牌가 있다. 과거시험에 급제한 뒤 받은 합격증명서를 내놓으면 어지간한 양반들도 고개를 숙일 수밖에 없었다. 생원시나 진사시에만 합격해도 그 사람의 학식과 양반임을 증명할 수 있는데 여기에 더해 홍패를 내밀면 이야기는 거기서 끝난다. 지금까지도 홍패를 보관하고 있다가 이를 보여주며 양반임을 증명하는 사람들이 있다. 예나 지금이나 과거시험 합격증만한 양반 증서는 없나 보다.

그렇다면 이 홍패가 없는 집에서는 무엇을 증거로 내밀었을까? 바로 족보다. 자신들의 뿌리를 증명하는 책을 내미는 것이다. 물론 족보가 양반을 증명해주는 절대적인 조건은 아니지만 양반 흉내를 낼 수 있는 최소한의 필요조건으로 기능했기에 양반으로 행세하고자 하는 이들 중에는 족보를 위조하는 경우도 있었다.

그렇게 해서 조선 후기 가짜 양반들이 대거 등장할 수 있었다. 상업의 발달로 돈을 만지게 된 상민이나 중인 계층들이 특권으로 넘쳐나는 양반이라는 신분을 탐낸다. 수요가 있는 곳에 공급이 있다고 해야 할까? 민간에 돈이 넘쳐나면서 인쇄업도 덩달아 발달했다. 이 인쇄업을 배경으로 가짜 족보가 만들어졌다. 당시 잘 팔렸던 가짜 족보들을 보면 크게 세 가지 정도로 나눌 수 있는데 바로 위보偽譜, 별보別譜, 투탁投託이다.

첫째, 위보偽譜는 아예 새로운 족보를 만들어내는 것이다. 진품 족보처럼 시조부터 시작해서 기존의 족보 양식을 완벽하게 재현해낸 가짜다. 이걸 가지고 양반 행세를 해야 하는데 여기에는 한 가지 문제가 있었다. 가짜를 가지고 진짜 행세를 해야 하니 이걸 산 사람은 진짜 양반처럼 교육을 받아야 했다.

둘째, 별보別譜는 비용 면에서 상대적으로 싸지만 들통 날 위험부담이 있었다. 별보란 간단히 말해서 부록이다. 정식 족보가 아니라 별책부록처럼 살짝 끼어드는 방식으로 양반 행세를 했다.

셋째, 투탁投託인데 말 그대로 내 몸을 던져 의탁한다는 의미로 가짜 양반이 아니라 진짜 양반이 되는 방법이었다. 앞의 두 가지 방식이 위조와 변조라면 투탁은 양반 가문에 편입되는 것이다. 물론 해당 가문에서도 그걸 인정해준다. 좀 자세하게 설명하자면 망해가는 양반 가문 중에서 대가 끊기거나 끊기려 하는 집을 하나 고른다. 이걸 무사(無嗣, 자손이 끊어진 사람)라고 하는데 그런 다음에 종중 사람들하고 거래를 한다. 얼마 줄 테니까 우리 쪽 사람 하나를 끼워달라. 그럼 종중에서 가격협상을 한다. 그렇게 양반이 되는 것이다.

진짜 양반과 가짜 양반

조선 후기가 되면 이런 식으로 신분세탁을 시도하는 이들이 늘어난다. 물론 모두가 성공한 것은 아니다. 실패하는 경우도 있었지만 중요한 건 그 시도가 조선 초기와 달리 대규모였다는 점이다.

조선 초기에도 족보 위변조 사건이 간혹가다 있긴 했으나 그렇게 크게 그것도 기업 형태로 위조하지는 않았다. 일일이 위조하기도 힘들거니와 비용도 만만치 않았기에 섣불리 덤벼들 수도 없었다. 이때까지만 하더라도 인쇄는 국가 차원에서만 가능한 일이었을 정도로 자금이 많이 들어가는 일이었다. 그러나 조선 후기로 접어들자 상황은 돌변한다. 대동법에 의해 상인 계층들의 부의 축적이 늘어났고, 덩달아 민간 차원의 인쇄소도 하나둘 생겨나기 시작했다.

당연하지만 이런 일이 국가적 차원에서는 바람직하지 않았다. 당장 국가 재정에 부담을 끼쳤고 국방력에도 악영향을 미쳤다. 더 큰 문제는 신분제 사회의 근본이 뒤흔들렸다는 것이다. 상하 귀천의 구별이 엄격했던 조선의 근간이 흔들렸다.

여기서 주목해봐야 할 것이 양반들의 대응책이다. 가짜가 아니라 원래부터 양반이었던 정통 양반들은 이런 상황을 어떻게 바라봤을까? 나라가 뒤숭숭해지니 조정에서는 시시때때로 공명첩空名帖을 팔고 돈 좀 있으면 너나 할 거 없이 양반 족보를 살 때, 오리지널 양반들은 자신들의 '피'를 지키기 위해 자구책을 강구한다. 가장 좋은 방법은 진짜 족보는 팔지 않고 가짜 양반들이 투탁하는 걸 거절하면 되지만, 문중을 이끌려면 돈이 필요했다. 재산이 있거나 자손 중에 훌륭한 인물이 나와 집안을 일으킨다면 모를까 그런 상황이 아니라면 돈을 염출해내야 했다. 결국 돈은 필요한데 가짜들과는 섞이고 싶지 않았던 양반들은 꼼수를 부린다.

바로 안전장치를 만드는 것이다. 족보에 올리긴 올리되 별보別譜를 만들어서 별책부록에만 기재하자는 것이었다. 즉 별보에 별파別派라고 해서 따로 파를 만들어 가짜 양반들은 그 안으로만 편입시켰다. 그러면 진짜 양반 종파와는 섞일 리 없고, 가짜 양반들은 그대로 양반 행세를 할 수 있으니 서로 상생하는 방법이었다. 이리하여 18세기 후반에 이르면 이런 식의 가짜 족보와 별책부록 족보가 난립한다. 우리가 은근히 하대로 쓰는 '이 양반이~'라는 말의 어원이 18세기 때부터 시작된 이유가 바로 여기에 있다.

이후 구한말이 되어 신분제가 완전히 사라지고 족보가 파지 뭉치 정도의 가치도 인정받지 못하는 시절이 찾아왔음에도 18세기 때부터 면면히 이어져 내려오던 족보 인쇄업자들에 의해 돈만 내면 누구든지 괜찮은 양반 혈통으로 변신할 수 있었다. 조선 후기 양반 족보를 구입해 양반 행세를 한 이들을 가지고 오늘날 대한민국 국민 가계도를 다 설명할 순 없지만, 최소한 우리 중 일부는 가짜 족보를 통해 신분세탁을 한 선조의 자손이란 사실은 부정할 순 없다. 분명한 사실 하나는 자연증가로 자손을 퍼뜨리고 가세를 확장시켰다 해도 우리나라 양반 가문의 적정 인구 수는 전체의 3퍼센트 내외란 점이다. 그런데 어찌 된 일인지 전 국민의 97퍼센트는 자신이 양반 출신이라 믿어 의심치 않는 상황. 진실은 언제나 두려운 법이다.

재테크에 눈뜬 노비,
재벌 노비의 탄생

"성상께서 한재旱災를 만나 진념軫念하심이 지극하지 않은 바가 없어 혹
시라도 억울하고 원통함을 펴지 못한 자가 있을까 신 등에게 의논을 하
도록 하교하셨으므로, 신 등이 그 경중을 분간하여 자손으로 하여금
허통許通하도록 한 것입니다."

—《조선왕조실록》 성종 16년, 1485년 6월 12일의 기록 중 발췌

성종 16년 조선에는 때아닌 가뭄이 들었다. 이로 인해 곡물 생산
에 비상이 걸리자 성종은 이를 극복하고 굶어가는 백성들을 살리
기 위해 노심초사한다. 이 자연재해가 억울하고 원통한 사람들의 한
이 하늘에 닿아 일어난 일이 아닌가 싶어 예전에 죄를 지은 자의
자손 중에서 구제해줄 사람을 찾기까지 했다. 그만큼 성종의 마음

은 다급했다. 성종은 구휼미를 내려보내고 국가가 가진 모든 역량을 동원해봤지만 좀처럼 극복될 기미가 보이지 않았다. 보통 이런 경우 '관봉官封'이란 것을 한다. 국가적 재난 앞에서 국가는 비상사태를 선언하고, 개인의 창고를 봉인한 다음 이 창고 안에 있는 양식을 구휼미로 쓴 후 재난을 극복하고 이듬해 사용한 양만큼 양식을 채워주는 것이다.

비상사태, 비상수단

그러나 예나 지금이나 가진 자들의 정보력과 행동력은 정부를 훨씬 능가했다. 조만간 관봉을 할 것이라는 정보를 입수한 팔도의 부자들은 저마다의 방식을 써서 요리조리 빠져나갔다. 이러다 보니 눈 씻고 살펴봐도 구휼미로 쓸 식량을 찾을 수가 없었다. 백성들은 가뭄으로 인해 기아에 시달리는데 당장 어디에서도 양식을 구할 수 없는 상황! 말라버린 논바닥처럼 성종의 마음은 쩍쩍 갈라졌다. 이때 가뭄의 단비 같은 소식이 들렸다.

"진천에 사는 사노私奴 임복林福이 이제 백성을 진휼賑恤하기 위하여 곡식 2천 석을 바쳤으니 그 마음이 가상하다. 이제 기근을 당하여 지식이 있는 사람도 바치려 들지 않는데, 천한 종의 몸으로 이를 하였으니 면천하는 것으로 상을 줌이 어떠하겠는가?" 하니, 승지 등이 아뢰기를 "이 사람은 본래 면천하여 양민이 되려고 한 것입니다. 비록 국가에는 공이 있더라도 그 주인으로서 본다면 횡역橫逆한 종이 되며, 또 종량從良은 중대한 일이니 쉽게 그 단서를 열어서는 안 됩니다" 하였다.

—《조선왕조실록》성종 16년, 1485년 7월 24일의 기록 중 발췌

부자들도 자기 재산을 숨기기 위해 전전긍긍하던 때, 노비 임복이 곡식 2천 석을 기부한 것이다. 자나 깨나 가뭄으로 인한 식량난을 걱정하던 성종에게는 복음과도 같은 소리였다. 그 마음 씀씀이에 감동한 성종은 임복을 면천시켜주겠다는 의사를 표했고, 신하들은 면천을 목적으로 기부한 것이라며 폄하를 한다.

이 대목에서 노비가 어떻게 2천 석이나 되는 쌀을 모았느냐가 궁금해진다. 아니, 구휼미로 2천 석을 낼 정도면 실제 재산은 훨씬 더 많다는 의미가 아닌가. 임복의 말에 의하면 곡식만 약 8천 석 정도 있었다고 한다. 이 정도면 이미 만석꾼에 들어섰다 해도 과언이 아니었다. 임복은 어떻게 재산을 모을 수 있었을까? 그 비결은 임복이 외거노비였기 때문이다.

재테크에 눈을 뜬 노비

노비란 종, 노예, 포로란 의미의 '奴'자와 여자 노비 '婢'자가 합쳐져서 만들어졌다. 말 그대로 남녀 종이란 의미다. 중국은 노비라 하면 전쟁터에서 포로가 된 경우를 의미하지만 조선은 반역죄를 저지른 죄인의 식솔들 혹은 빚을 갚지 못해 몸으로 떼우는 사람이 대부

분이었다.

노비는 다시 관공서에 소속된 공노비와 일반 개인에게 소속된 사노비로 나누어지고, 사노비는 다시 외거노비와 솔거노비로 분류된다. 노비면 다 같은 노비지 외거노비는 무엇이고 솔거노비는 또 무엇일까? 간단히 말해 거주 형태에 따른 분류라 할 수 있다. 솔거노비는 우리가 사극 등을 통해 흔히 볼 수 있는 돌쇠나 마당쇠 같은 존재다. 주인집에 기거하며 자신의 노동력을 제공하는 노비다. 이에 반해 외거노비는 따로 거주하며 개인적인 경제 활동을 할 수 있었다. 주인에게 일정 부분의 신역身役만 제공하다 보니 재테크에 눈을 뜬 자들은 일부 임복과 같이 거대한 부를 쌓을 수도 있었다.

다시 임복과 성종에게로 이야기를 돌려보자.

"만약 곡식을 바쳐 종량하는 길을 열어준다면 주인을 배반하는 자가 벌떼처럼 일어날 것이니 진실로 작은 문제가 아닙니다" 하자, 전교하기를 "임복의 네 아들을 모두 종량하고 공천公賤으로 본 주인에게 보상해 주도록 하라" 하였다.

— 《조선왕조실록》 성종 16년, 1485년 7월 28일의 기록 중 발췌

임복의 면천을 두고 조정 내에서는 아무리 비상시국이라지만 국가의 근간이 되는 신분제를 흔들어서는 안 된다며 왈가왈부 말들이 많았다. 그러나 이미 마음을 굳힌 성종은 임복과 그 아들들을 면천시켜주고, 주인에게는 나라가 가지고 있는 노비들로 보상하라

고 명한다.

그러나 그렇게 쉽게 뜻을 꺾을 신하들이 아니었다. 길을 열어주면 돈 많은 노비들이 너나 할 거 없이 들고일어날 것이니 이 점을 고려해야 한다며 성종을 압박한다. 신하들이 이렇듯 강경하게 나오자 성종의 마음도 다시 흔들렸다. 이때 임복이 승부수를 띄운다.

임복이 또 곡식 1천 석을 바칠 것을 청하니 전교하기를 "지금 바친 것은 관봉한 수량 가운데 있는 것인가? 그것도 묻도록 하라" 하였는데, 임복이 아뢰기를 "신의 사곡은 모두 8천여 석인데, 현감과 어사가 모두 봉하였으며, 지금 신은 봉한 것 가운데 1천 석을 바치는 것입니다" 하였다.

—《조선왕조실록》 성종 16년, 1485년 8월 17일의 기록 중 발췌

"임복이 전날에 곡식 2천 석을 바쳤으므로 진휼賑恤할 밑천으로 삼고 특별히 양인을 삼도록 명하였는데, 그 아들이 4인으로 곡식을 바친 수량은 적고 종량할 자는 많다고 말하였기 때문에 종량할 수효를 감하도록 명하였다. 그러나 이와 같은 흉년에 자기의 재물을 아끼지 아니하고 1천 석을 더 바치니 그 정상情狀이 가상하다. 그 4인을 아울러 종량하라" 하였다.

—《조선왕조실록》 성종 16년, 1485년 8월 17일의 기록 중 발췌

임복만이 특별한 경우가 아니었다

노비가 8천 석의 곡식을 가지고 있었다니 대단하지 않은가? 그렇다면 이건 임복이라는 특별한 노비만의 이야기였을까? 아니다. 꽤 많은 노비들이 이렇게 개인 재산을 가지고 있었다는 걸 확인할 수 있다.

> 호조에서 아뢰기를 "전라도 남평에 사는 사노 가동家同이 2천 석을 납속納粟하였으니, 청컨대 원하는 바에 따라 논상論賞하소서."
>
> —《조선왕조실록》성종 16년, 1485년 8월 30일의 기록 중 발췌

임복이 면천되고 채 2주도 되지 않아, 이번에는 전라도 남평에 사는 노비가 곡식 2천 석을 기부했다. 임복이 처음 바쳤던 2천 석이면 자신도 면천 받을 수 있겠다는 계산이 깔려 있는 숫자였다.

성종은 불쾌해했다. 임복의 경우에는 그 정성이 갸륵해 특별히 면천시켜주었지만, 가동은 그 수가 빤히 보였다. 성종은 그 자리에서 면천은 불가하다고 통보하고 곡식도 받지 않았다.

이 사실만 봐도 재벌 수준의 노비들이 꽤 있었다는 걸 확인할 수 있다. 노비가 주인보다 돈이 더 많고 그 재산이 재벌 수준이었다니 언뜻 이해가 가지 않지만 그게 가능했던 나라가 조선이었다.

실록에서 찾아낸
우리가 몰랐던 조선

— 위대한 군주, 그러나 슬픈 아버지
— 사약은 형벌인가, 임금의 은혜인가
— 과거시험장의 다양한 부정행위
— 왕자는 누구의 젖을 먹고 자랐는가
— 권력 유지를 위한 영조의 장수 비결
— 담배 피울 것인가, 끊을 것인가
— 한양 거리에 나타난 이야기꾼 전기수

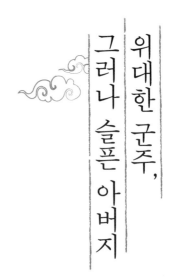

위대한 군주,
그러나 슬픈 아버지

조선 중종 대의 일이다. 황해도에 사는 이동李同이란 인물이 아버지를 때려죽인 사건이 발생한다. 조정은 발칵 뒤집혔고, 이동을 죽여야 한다며 조정 대신들이 한목소리를 낸다.

조선 시대 최고의 악질범죄로 분류되는 두 가지가 있었는데 하나가 대역죄大逆罪이고, 나머지 하나가 강상죄綱常罪였다. 강상죄는 삼강오륜을 저버린 반인륜적 범죄를 뜻한다. 즉, 부모를 죽이거나, 남편을 죽이거나, 노비가 주인을 죽이거나, 관노가 관장官匠을 죽이는 경우인데 강상죄를 지은 범인은 무조건 사형이었고, 처자는 관노로 끌려갔다. 덤으로 범인의 집은 싹 밀어버리고, 그 집터에 연못을 팠다. 아울러 범인이 살던 고을은 행정상 강등까지 된다(시가 군이 되고 군이 면이 되는 것이다). 그리고 강상죄가 일어난 곳의 수령은 백성들을 교화시키지 못했다는 이유로 파면되었다. 한마디로 말해 강상죄는 유교를 기본 이념으로 삼은 조선에 대한 도전으로 받아들여져 대역죄와 같은 범주로 다뤄졌다.

그렇다면 이동은 어찌 됐을까? 보통의 경우라면 사형을 당해야 마땅하지만 이동은 사형당하지 않았다. 그에게는 정상참작할 만한 사연이 있었다. 이동은 아버지와 겸상을 하다가 죽였던 것이다. 그 이야기를 들은 중종은 정상참작을 해야 한다고 판단했고, 대신들도 이에 선선히 동의한다.

당시 사대부들은 아버지와 아들이 같은 밥상에서 밥을 먹는 건 될 수 있으면 피하는 게 좋다고 생각했다. 같이 밥을 먹다 보면 아들의 행실에 대해 혹은 밥 먹는 습관을 보고 한소리를 하게 되고, 그러다 보면 부자간의 의가 상한다는 것이었다. 이는 왕가에서도 지켜졌던 일인데 양녕대군이 아직 세자이던 시절 우빈객 이내李來가 세자의 교육을 위해 대궐 가까이에 세자를 위한 궁을 짓자고 건의했는데 태종은 일언지하에 거부한다.

"만약 학문을 좋아하지 않는다면 비록 한 궁궐 안에 같이 있다 하더라도 이를 어찌하겠느냐? 또 장년의 나이다. 만약에 늘 사람으로 하여금 정찰하게 한다면 어찌 서로가 해침이 없겠느냐?"
— 《조선왕조실록》 태종 12년, 1412년 12월 5일의 기록 중 발췌

장성한 아들과 가까이한다면 분명 서로 의가 상할 것으로 판단

했던 것이다. 양녕대군은 태종의 속을 새까맣게 태울 정도로 툭하면 사고를 치던 문제아였다. 그렇기 때문에 태종은 자신이 한 발 물러나 지켜보는 것이 서로를 위해 좋다고 판단했다.

영조의 비천한 콤플렉스

조선 시대 부자지간에 대해 장황하게 이야기를 했는데 바로 조선 시대 최악의 부자 관계를 말하기 위해서였다. 아버지가 아들을 뒤주에 가둬 죽인 임오화변壬午禍變의 주인공들 관계는 어떠했을까?

영조가 사도세자를 뒤주에 집어넣어 죽였다는 사실은 역사에 관심이 없더라도 워낙 유명한 일화라 누구나 알고 있을 것이다. 그러나 임오화변의 배경이 되는 영조와 사도세자의 불편한 부자 관계에 대해서는 잘 알려져 있지 않다. 조선 후기 노론과 소론의 갈등 때문에 사도세자가 죽었다는 말이 있지만 근본적으로 따지고 들어가면 정치적인 문제는 부차적인 것이고 핵심은 아버지와 아들 간의 충돌 때문이었다.

우선 영조의 콤플렉스부터 설명해야겠는데 역사책에서 영조는 탕평책蕩平策을 시행한 훌륭한 군주로 나와 있지만 개인으로 보자면 평생을 콤플렉스와 싸워온 불행한 사람이었다. 그의 콤플렉스가 탕평책을 만들어냈다 해도 과언이 아닐 것이다. 영조의 콤플렉스는 크게 두 가지로 나눠볼 수 있다.

첫째, 낮은 출신 성분이다. 영조의 어머니는 숙빈 최 씨인데 궁

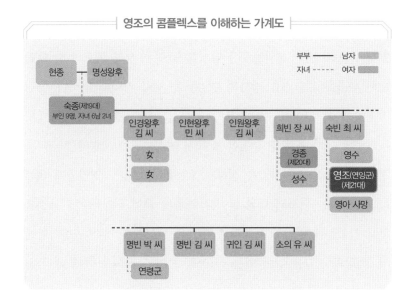

영조의 콤플렉스를 이해하는 가계도

부부 —— 남자
자녀 ----- 여자

현종 — 명성왕후

숙종(제19대)
부인 9명, 자녀 6남 2녀

인경왕후 김 씨
女
女

인현왕후 민 씨

인원왕후 김 씨

희빈 장 씨
경종(제20대)
성수

숙빈 최 씨
영수
영조(연잉군)(제21대)
영아 사망

명빈 박 씨
연령군

명빈 김 씨

귀인 김 씨

소의 유 씨

의 무수리였다. 무수리라 하면 궁녀로 생각하는 경우도 가끔 있는데 궁궐에서 물을 긷거나 빨래를 하는 등 온갖 허드렛일을 하던 잡역부나 마찬가지다. 영조는 죽는 그 순간까지 어머니의 비천한 신분 때문에 괴로워했다. 한편으론 어머니에 대한 효도를 으뜸으로 삼은 훌륭한 효자였지만, 다른 한편으론 어머니의 출신 때문에 남모르게 애를 끓였다.

둘째, 형을 죽이고 왕이 됐다는 세간의 의심이다. 그는 왕이 될 수 없는 존재였다. 아버지 숙종이 뒤를 이어 장희빈의 아들이 경종이 되었다. 문제는 당시 정치 상황이었는데 희빈 장 씨를 죽인 노론 세력들이 조정을 장악한 상태였다. 이들은 경종이 언제 자신들을 죽일지 몰라 전전긍긍할 수밖에 없었다. 이때 눈에 들어온 것이 최

무수리의 아들 연잉군이었다. 다행스럽게도 경종에게는 자식이 없었고, 경종의 비인 선의왕후가 양자를 들여 후사를 이으려 할 때쯤 노론 세력들이 압력을 행사해 연잉군을 세자 자리에 앉힌다. 아직 경종의 나이가 어렸기에 충분히 후사를 생각해볼 수 있었음에도 무리하게 세자 책봉을 강행한 것이다. 여기까지는 그렇다 치더라도 경종이 급사하면서 정국은 심하게 요동친다. 그것도 연잉군에 의해 독살당했다는 의혹과 함께 말이다. 경종이 몸이 허약해 자리보전을 하고 있었는데 영인군이 게장과 생감을 진상했던 것이다. 한의학에서 게장과 생감을 같이 먹는 건 상극 중의 상극으로 몸에 해가 된다고 한다. 결국 경종은 갑진년에 게장을 먹고 죽는다.

이렇게 되니 경종 독살설이 들불처럼 번졌고, 종국에 가선 소론 강경파들이 들고일어나 군사 쿠데타까지 획책하게 된다. 결국 이들은 영남 지방을 중심으로 병력을 모아 일어났는데, 이게 바로 이인좌의 난이다. 난이 진압되고 나서 소론 인사 중 한 명이 국문장에서 영조에게 던진 말이 "나는 갑진년 이후로 게장을 먹지 않소"였다. 진실이든 아니든 영조에게는 형을 독살시키고 왕이 된 남자라는 꼬리표가 붙어버린 것이다.

이런 콤플렉스 때문에 영조의 탕평책이 나왔다. 영조는 자신의 콤플렉스를 극복하기 위해, 정권을 지키기 위해 탕평책을 실시했다. 여기까지만 보면 영조는 콤플렉스를 이겨내고 성장한 훌륭한 왕처럼 보인다. 왕권의 정당성을 의심받던 영조는 실력과 능력으로 이를 극복하려 했고 실제로 능력 있는 CEO의 모습을 보여줬다. 신하들을 제압할 정도의 학식과 조선 왕조 역대 왕 중 최장 재위를 통해 얻은 노련한 실무 경험, 균형 잡힌 판단력, 검소한 생활태도는 모범적인 군주의 표상 그 자체였다.

문제는 이런 모범적인 군주의 모습이 인간 영조를 자수성가형 아버지의 전형으로 만들어버렸다는 점이다. 조선 왕조 최대의 비극은 이렇게 시작된다.

사랑을 독차지했던 사도세자

태어났을 때, 그리고 한창 귀여울 나이인 여덟 살 전후까지 사도세자는 온 궁궐과 조정 대신들의 사랑을 받았다. 당시의 기록을 잠간 살펴보자.

> "용모가 뛰어나고 키가 자라서 이미 옷을 지어 입히게 되었으며, 말을 배우고 걸음을 배워 일주년의 돌잡이를 하기에 이르렀으니, 어찌 한갓 자정慈情을 날마다 모이게 할 뿐이겠는가? 참으로 특이한 자질은 하늘에서 타고났도다."
>
> ─《조선왕조실록》 영조 12년, 1736년 3월 16일의 기록 중 발췌

영조가 신하들 앞에서 사도세자를 자랑하는 모습이다. 기록만보면 아들바보가 따로 없다. 신하들도 사도세자를 사랑했고, 그 또한 기대에 보답하듯 영특한 모습을 보인다. 기록을 좀 더 살펴보자.

세자는 겨우 3세인데도 체도體度가 아주 뛰어났다. 이태좌에게 명하여 안아서 세자의 경중을 알아보게 하니, 이태좌가 일어나 안았고, 여러 대신들이 차례로 나아가 안았다. 이의현이 말하기를 "저하의 체중이 신처럼 늙은 사람은 아마도 이기지 못하겠습니다" 하니 임금이 웃었다. 세자가 이태좌 앞에 나아가 서니, 이태좌가 손을 세자의 정수리 뒤에 대고는 말하기를, "신의 나이가 지금 80인데 이 나이를 저하께 봉헌합니다" 하니, 임금이 말하기를 "노신의 순후醇厚함이 귀하다" 하였다.

—《조선왕조실록》 영조 13년, 1737년 윤9월 22일의 기록 중 발췌

세자의 장수를 빌며 자신의 나이를 봉헌하는 노신들, 아들의 몸무게를 확인해보라며 신하들에게 안아보라고 권하는 영조와 세자를 안고 있는 신하들의 모습만으로도 자식 사랑이 느껴지지 않는가. 사도세자는 영조가 맏아들 효장세자(열 살에 요절했다)를 잃고 7년 만에 얻은 귀한 아들이었다. 영조의 나이가 마흔을 넘으면서 이제 아들을 볼 수 있을지 의구심이 들던 시점에 태어났으니 그 사랑이 오죽했을까? 노론이니 소론이니 하는 당색이 끼어들 틈이 없었다.

사도세자의 유년기는 행복 그 자체였다. 영특하고 총명했기에 궐 안 사람들의 사랑을 독차지했다. 그러나 이런 행복은 오래가지 못했다. 학령기가 되고 본격적인 교육을 받으면서 사도세자의 시련은 시작된다.

영조는 앞에서 언급했다시피 자수성가형 CEO였다. 꼬리표처럼 늘 따라다니는 경종 독살설과 이에 따른 정통성의 부재, 거기에 출

신의 비천함까지, 영조는 자신의 능력으로 이를 극복해야 했다. 그렇기 때문에 노력하고 또 노력했다. 일반인이 섣불리 쫓아올 수 없을 정도의 학습량은 경연장에서 신하들을 학문으로 꾸짖을만큼 대단했고, 그 검소함은 검약을 넘어서 궁상맞을 정도였다. 해가 갈수록 빛을 발하는 노회한 정치력은 어지간한 대신들을 압도할 지경이었다. 영조는 그렇게 자신의 실력으로 옥좌를 지켜냈다. 그리고 이를 통해 자신만의 통치술을 정립한다.

자식 교육은 마음대로 되지 않는 것

왕이 가져야 할 최고의 덕목은 신하들을 압도할 수 있는 학문적 성취와 정치력이다. 문치주의 국가인 조선에서 국왕이 '문文'에 통달해야 하는 건 기본적인 덕목이었지만, 영조가 왕위에 있던 시절 그러니까 붕당정치가 극에 달했던 그때는 특히나 더 중요시됐다. 유교란 냉정하게 보자면 관념론적인 수기修己의 학문이다. 자신의 몸을 닦고 이를 바탕으로 성과를 이루어야 한다. 영조는 이 단순하지만 어려운 원칙을 재위 기간 내내 지켜나갔다. 그리고 이 원칙을 자식에게도 강요했다. 아니, 자신이 몸으로 체득한 사실을 사랑하는 아들에게 가르치려 했다.

그러나 사도세자는 문과 체질이 아니었다. 그는 말 달리고, 활 쏘고, 검 휘두르는 것을 더 좋아했다. 세자의 기질이 무武에 더 가깝다는 걸 확인한 영조는 이를 돌려놓기 위해 무던히도 애를 쓴다.

임금이 하문하기를 "문제文帝와 무제武帝는 누가 더 훌륭한가?" 하니, 대답하기를 "문제가 훌륭합니다" 하였다. 임금이 말하기를 "이는 나를 속이는 것이다. 너의 마음은 반드시 무제를 통쾌하게 여길 것인데, 어찌하여 문제를 훌륭하다고 하는가?" 하니, 대답하기를 "문제·경제景帝의 정치가 무제보다 훌륭했습니다" 하였다. 임금이 말하기를 "너는 앞으로 문제·경제의 반 정도만으로 나를 섬겨도 족하다. 내가 매양 한나라 무제로 너를 경계했는데, 너의 시 가운데 '호랑이가 깊은 산에서 울부짖으니 큰 바람이 분다虎嘯深山大風吹'는 글귀가 있어 기氣가 크게 승하다는 것을 알 수 있었다."

—《조선왕조실록》 영조 24년, 1748년 5월 19일의 기록 중 발췌

한나라 무제라면 군사력과 무력으로 위명을 떨친 왕이다. 사도세자가 지은 시를 읽고 기질을 확인한 영조는 무제와 문제 중 누가 더 훌륭하냐고 넌지시 떠보았고, 영조의 의도를 파악한 사도세자는 문제가 더 훌륭하다며 모범답안을 내놓았지만 영조는 이를 간파했다. 부자간의 갈등을 단적으로 보여준 일화라 할 수 있겠다.

둘 사이는 갈수록 더 멀어졌는데 자수성가형 CEO였던 영조는 자신에게 엄격했고, 그 엄격함을 신하들뿐만 아니라 자식에게도 강요했다. 아니, 아들이자 후계자였던 사도세자에게 엄격함을 넘어 냉엄할 정도의 잣대를 들이밀었고, 작은 실수나 잘못에도 불같이 화를 냈다(영조의 성격이 격정적인 걸 감안하더라도 그 정도가 심했다). 사도세자는 점점 더 부왕을 멀리했고, 그럴수록 영조는 사도세자를 압박했

다. 이정도만 해도 그냥저냥 사이가 좋지 않은 부자관계로 그쳤겠지만 영조는 한술 더 떠 사도세자를 정치적으로 활용한다.

조선 시대 최악의 부자 관계

영조는 신하들을 압박하는 수단으로 곧잘 선위 파동을 일으켰다. 자신이 왕위에 뜻이 없는 청렴한 인물이란 점을 부각시켜 자기 뒤에 따라붙은 경종 독살 혐의를 불식시키려는 의도였다. 덤으로 신하들의 충성심도 확인할 수 있었으니 일거양득이라고 해야 할까? 그럴 때마다 사도세자는 끌려 나와 석고대죄를 해야 했다.

세자에게 정무를 가르친다는 의미로 시작한 대리청정도 종국에는 질책의 수단으로 변했다. 정치 9단 영조에게 사도세자가 눈에 찰 리가 없었다. 오죽하면 노론의 거두이자 재상이었던 김재로金在魯가 세자를 질책하는 게 너무 심하다는 상소를 올리며 영조를 말렸을까?

결국 사도세자는 정신병에 걸린다. 사도세자의 부인 혜경궁 홍씨가 지은《한중록閑中錄》을 보면 이 병에 대해 자세하게 나와 있다.

"의대 병환의 말씀이야 더욱 형편없고 이상한 괴질이시니 대저 옷 한 가지 입으려면 열 번이나 이삼십 번이나 하여놓으면, 귀신인지 무엇인지 위하여놓고 혹 불사르기도 하고, 가끔 순하게 갈아입으시면 천만다행이요, 시종 드는 이가 조금만 잘못하면 옷을 입지 못하여 당신이 애쓰시고 사람이 상하니 이 아니 망극한 병이랴."

의대증衣帶症의 등장이다.《한중록》기록만 보면 옷 한 번을 갈아 입기 위해 몇 벌을 불살랐는지 기억조차 하기 힘들고, 이렇게 없앤 비단이 몇 궤인지 모를 정도라는 것이었다. 이렇게 되자 영조의 실망과 분노는 더더욱 강해졌고 사도세자는 점점 더 위축될 수밖에 없었다.

맹자의 제자 공손추公孫丑가 군자가 자기 아들을 직접 가르치지 않는 것은 어떤 이유인지에 대해 스승에게 물은 적이 있다. 이에 맹자는 "가르치는 사람은 반드시 바르게 하라고 가르친다. 바르게 하라고 가르쳐도 그대로 실행하지 않으면 자연 노여움이 따른다. 그렇게 되면 도리어 부자간의 정리情理가 상하게 된다"라고 대답했다. 자식 교육을 어떻게 해야 할지는 섣불리 예단하기 어려운 문제다. 다만 영조가 그 엄격함을 내려놓고 자식의 성향과 소질을 뛰어넘는 과도한 기대를 사도세자에게 강요하지 않았다면 우리가 알고 있는 뒤주 속 비극은 일어나지 않았을지도 모른다는 점이다.

사약은 형벌인가,
임금의 은혜인가

종종 TV에서 방영되는 사극을 보면 심심찮게 사약賜藥을 받는 장면이 나온다. 정권을 놓고 치열하게 싸우다 반대파에 의해 숙청을 당하거나, 구중궁궐 안에서 규방閨房 암투暗鬪를 벌이다 어이없게 쫓겨나 사약을 받는 경우 등 조선 왕조 5백 년 동안 사약을 받고 죽은 사람들은 넘쳐났다.

그런데 사극에서는 모두 다 사약을 마시자마자 검은 피를 토하고 죽는다. 물론 드라마니 연출이 들어갈 수밖에 없지만, 이 장면만큼은 도가 지나쳤다 싶을 만큼 작위적이다. 사약은 마셨다고 바로 죽는 그런 약이 아니다.

일반인들은 죽을 사死자가 들어가 사약死藥이라고 생각하는데 내릴 사賜자를 써서 사약賜藥이다. 즉 임금이 하사한 약이란 뜻이다.

마시면 죽는 독약이라 사약이 아니란 것이다. 그럼 이 사약을 왜 내렸던 것일까? 이는 임금의 특별한 배려였다. 《형전刑典》을 보면 사형 집행 방식은 목 졸라 죽이는 교살絞殺과 목 잘라 죽이는 참수형斬首刑 등 몸에 손을 대는 방법밖에 없었다.

천한 망나니에 의해 양반이나 고위층 인사의 몸이 훼손되는 것은 엄격한 신분제 사회인 조선에서는 절대 피하고 싶은 일이었다. 더군다나 조선은 신체발부身體髮膚는 수지부모受之父母하니 불감훼상不敢毁傷이 효지시야孝之始也라는 논리가 가장 우선시되던 유교 사회였다. 우리 몸은 부모가 물려주신 것이니 다치지 않는 것이 효도의 시작이다. 이리하여 양반을 비롯한 사회 지도층을 사형시킬 때는 특별히 임금이 하사한 약을 썼다.

문제는 이 사약이 애초의 목적과는 좀 동떨어진 효과를 보였다는 점이다. 양반답게 고통 없이 멀쩡한 사체를 유지할 수 있게끔 만들어진 게 사약이지만 실제로는 효과가 제각각 달라 실효를 장담할 수 없었다.

사약 제조와 집행 과정

우선 사약 제조와 집행 과정을 한번 살펴보자. 사약 집행이 결정되면 의금부의 금부도사는 내의원을 찾는다. 내의원이라 하면 궁궐 안에서 왕과 왕족들의 건강을 보살피는 걸 임무로 하는데 이들이 사약도 제조했다.

사약 제조법은 극비리에 전해졌기에 따로 기록으로 남아 있지 않았고 제조법 또한 다양하게 시도됐다. 체질상 누구에게는 받고 누구에는 받지 않는 경우가 있었기 때문이다. 이제까지 알려진 사약 성분들을 종합해보자면 비소砒素, 생금生金, 수은, 짐독鴆毒, 부자附子, 게 알 등이 들어가는 걸로 추정된다. 어떨 땐 인삼도 넣었다고 한다. 부자附子가 열을 받아야 체내에서 빨리 돌기에 효과를 극대화하기 위해 열을 발산케 하는 인삼을 넣은 것이다. 문제는 이렇게 정성스럽게 조제했다 하더라도 사람마다 약발이 달랐다는 점이다.

'내가 죽거든 관을 얇게 만들고 두껍게 하지 마라. 먼 길을 가기 어렵다' 하였다. 자주 창문 틈으로 밖을 엿보았는데, 아마도 형편을 살폈을 것이다. 글을 쓰고 분부하는 일을 끝내고, 드디어 거듭 내려서 독하게 만든 술을 가져다가 많이 마시고 죽으니, 이 말을 들은 사람들이 다 눈물을 흘렸다.

—《조선왕조실록》 중종 14년, 1519년 12월 16일의 기록 중 발췌

중종의 배신으로 사약을 받은 조광조는 그 약을 먹고도 죽지 않았다. '거듭 내려서 독하게 만든 술을 가져다가 많이 마시고 죽으니'란 대목을 보면 알 수 있다. 나졸들이 달려들어 목을 졸라 죽이려 하였으나 조광조는 끝까지 기개 있게 맞서며 왕이 특별히 아껴 사약을 내렸는데 내 몸에 손을 대지 말라고 소리치며 계속 독주를 마셨다고 한다. 조광조뿐만이 아니다.《유분록幽憤錄》에는 문신 임형수

林亨秀가 큰 사발로 열여섯 그릇이나 들이켰지만 죽지 않자 사약을 더 요구했다는 기록을 볼 수 있다. 이렇게 사약을 더 내리자 데리고 있던 종이 안주를 가져온다. 농담 같겠지만 진짜 술안주를 가져온 것이다. 그러자 임형수는 "이 술이 어떤 술인데 안주를 먹느냐"라며 두 사발을 더 들이켰다. 그래도 죽지 않자 결국 노끈으로 목을 졸라 죽는다. 우암 송시열의 경우도 유명한데 늘 바가지를 들고 다니면서 어린애의 오줌을 마셨던 탓에 부자 독이 쉽게 돌지 않았다. 요료법의 수혜자라고 해야 할까? 사약을 들고 갔던 금부도사가 송시열에게 "대감, 제발 죽어주십시오" 하고 애원까지 했다고 한다. 그 말을 듣고 거듭 석 잔을 연달아 마신 뒤에야 송시열은 죽을 수 있었다.

이렇듯 사약은 사람마다 약발이 달랐고, 한 잔만으로는 효과를 장담할 수 없었기에 금부도사는 최소한 한 잔 이상의 사약을 준비해갔다. 그러나 사약만으로 사형 집행이 성공할 확률은 그리 높지 않았다. 임금은 특별히 은혜를 베풀어 편하게 죽으라고 사약을 내렸지만, 받는 입장에서는 여간 곤혹스럽지가 않았다. 사약을 통한 평균적인 형 집행 절차를 살펴보자.

하나, 의금부의 금부도사가 내의원으로 가 사약 제조를 의뢰한다.
둘, 내의원에서 사약을 제조해 금부도사에게 전달한다.
셋, 사약을 들고 죄인이 있는 곳으로 이동한다.
넷, 금부도사와 나졸들이 사형 집행을 위한 준비 절차에 돌입한다.
다섯, 나졸이 만약을 대비해 유배지의 부엌으로 들어가 불을 지핀다.

여섯, 만약의 사태를 대비해 활줄을 준비한다.

일곱, 금부도사가 교지를 낭독한다.

여덟, 죄인은 북쪽을 향해 네 번 절하며 마지막으로 군신의 예를 다한다.

아홉, 사약을 마시기 전 개인적인 용무를 볼 수 있는 시간을 준다. 이때 주로 편지를 쓰거나 남길 말을 한다.

열, 사약을 마신다.

열하나, 사약을 마신 상태에서 온돌방에 눕거나 앉아 있는다.

열둘, 그래도 죽지 않으면 사약을 더 마신다.

열셋, 사약을 계속 마셔도 죽지 않으면 최후의 수단으로 목을 조른다.

이것이 조선 시대 일반적인 사약 집행 절차였다. 의금부 나졸이 유배지에 도착하자마자 아궁이에 불을 때는 것은 부자가 체내에서 빨리 돌게 해 사약의 효능을 높이기 위함이었다.

활줄을 준비하는 것도 만약을 위한 어쩔 수 없는 선택이었다. 최후의 방비책이 목을 졸라 죽이는 것이었기 때문이다. 사약의 애초 목적 중 하나가 사체를 깨끗하게 유지시켜주는 것이므로 목을 자르거나 피를 보는 방법은 선택할 수 없었다. 결국 목을 조르는 방식을 선택하게 되는데 이때 주로 애용됐던 것이 활줄이다. 나졸들이 팔다리를 붙잡고 있으면 활시위를 풀어 활줄로 죄인의 목을 졸랐다.

사극에서는 사약이란 마시면 바로 죽는 약처럼 보이지만 드라마니까 가능한 이야기다(사극 촬영 때 사용하는 사약은 쌍화탕인 경우가 많다). 조선 시대 사약은 사극처럼 마시면 바로 죽는 약이 아니었다. 차라

리 교수형이나 참수형을 당하는 게 낫지 않았을까란 생각마저 든다.

독약으로 음독자살을 명하고 이를 집행한 역사는 쉽게 찾아볼 수 있지만 이를 명문화시키고 시스템으로 만들어 유지했던 나라는 극히 드물다. 유교 사상을 죽음에서도 실천했다고 해야 할까?

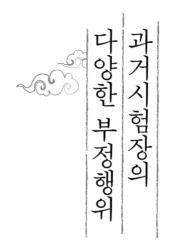

과거시험장의 다양한 부정행위

"반수당泮水堂은 바로 과장科場을 열었던 곳입니다. 며칠 전에 반촌泮村에 살고 있는 한 여인이 평상시에 텅 비어 있길래 들어가 나물을 캐다가 갑자기 노끈이 땅속에 있는 것을 발견하고 잡아 당겨보니 그 노끈이 땅속을 통하여 담장 밖으로 나왔었습니다. 그래서 재직齋直과 다른 관노의 무리들이 가서 보고 땅을 파헤치니 노끈이 들어 있는 구멍이 제2대第二臺 밑에 있었는데, 한 가닥 통로가 평지에서 반자쯤 되는 땅속에 있었습니다. 그리고 그 속에 대나무 통을 묻고 비늘처럼 죽 이어 구멍을 통하게 한 뒤 다시 기와로 덮어서 20여 간을 지나 동쪽 담장 밖 벽송정가로 나와 있었습니다."

—《조선왕조실록》숙종 31년, 1705 2월 18일의 기록 중 발췌

반촌의 한 여인이 나물을 캐다가 최첨단 컨닝 장치를 발견한 것이다. 땅속 통로를 통해 시험문제와 답지가 오갔다는 걸 유추할 수 있다. 당연히 조정은 발칵 뒤집혔고, 숙종에게 보고가 올라갈 정도의 큰 사건으로 번졌지만 범인은 끝내 잡지 못했다. 오늘날 수학능력시험 때의 부정행위와는 격이 다른 스케일이라고 해야 할까? 조선 시대에는 쇼생크 탈출을 연상케 할 정도의 대규모 굴착작업을 동반한 시험 부정행위가 벌어졌다.

이 사건은 조선 시대 과거시험 부정행위의 대표적인 사례로 꼽히지만 당시 사회 분위기로 보자면 그리 놀랄 만한 일도 아니었다. 그저 스케일이 좀 컸다 뿐이지 충분히 있을 법한 사건이었다. 조선 후기에는 말 그대로 부정과 야합, 온갖 협잡이 오가는 난장판이 벌어졌으니 말이다.

성리학을 나라의 통치이념으로 삼았던 조선에서 과거시험은 모든 사대부의 꿈과 이상을 담은 인생의 터닝포인트였다. 관리로 등용돼야지만 출세를 할 수 있었고, 양반으로 행세할 수 있었기에 사대부들은 목숨을 걸고 과거시험에 임한다. 이렇다 보니 양반가에 아들이 태어나면 다섯 살 전후부터 준비에 들어가 평균적으로 25~30년 가까이 수험 생활을 하는 것이 일반적이었다. 이렇게 죽을힘을 다해 노력해도 합격하는 사람은 극히 소수였다.

정조 24년 3월 21일 경과의 정시庭試 초시初試에 응시한 수험생 수는 11만 1,838명이었고, 이날 거둬들인 시권詩卷만 3만 8,614장이었다. 그러나 조선 왕조 5백 년 동안 과거에 급제한 사람은 겨우 1만

5천여 명 정도였으니 얼마나 치열했는지 짐작할 수 있을 것이다.

조선 후기에는 인구 수가 대략 7백만을 넘지 못했고, 정조 시절 도성 안 인구가 20~30만 수준이었다고 본다면 서울 인구의 절반이 과거시험을 보러 몰려온 것이다.

경쟁률이 치열하다 보니 부정행위에 대한 유혹에 쉽게 넘어갔다. 사대부들의 목표는 전시까지 합격해 임금에게 홍패를 받는 것이었지만, 이는 어디까지나 명목상의 목표였다. 과거시험에 합격해 출사한다는 건 어쩌면 꿈 같은 일이었기에 이들이 실질적으로 목표로 했던 건 초시 합격이었다. 생원과 진사에 합격한다는 건 양반사회에서 최소한의 문명文名을 드러내 양반임을 증명할 수 있는 확실한 신분증을 확보하는 일이었다.

조선 후기가 되면 족보를 위조해 가짜 양반이 된 사람들이 급증했고 가짜와 진짜를 구분할 수 있는 가장 확실한 증명서는 과거 합격증서인 홍패였다. 그러나 이 홍패는 대과의 최종 합격자 33명에게만 주어졌기에 쉽게 보거나 만질 수 있는 물건이 아니었다. 그러나 소과에 합격한 생원 진사들의 합격 증명서였던 백패白牌는 많은 이들이 한번쯤 잡아볼 수 있는 꿈이었다.

과거장의 천태만상, 시험지 바꾸기와 합격자 바꿔치기

조선 후기로 갈수록 응시생 수는 늘어나고, 이들에게 빌붙어 한몫 잡아보려는 과거꾼들까지 더해지면서 과거시험장은 난장판이 된

다. 조선 후기 소과 합격 후 회시會試에 몇 번이나 도전했지만 실패
했던 학자 우하영禹夏永의 《천일록千日錄》에는 당시 과거시험 실태가
언급되어 있다.

"과거 철이 되면 한양과 시골의 빈둥거리며 놀고먹는 잡된 무리들이 관
광이라 핑계를 대고 세력가의 수종隨從이 되기를 자원하여 부문 쟁접爭
接을 자기를 내세우는 노고와 공로로 삼는다."

도대체 이런 불한당들이 어떻게 과거시험장까지 뛰어들었던 걸
까? 실제로 과거시험장에서 사람들이 죽거나 다치는 경우도 비일비
재했다.

조선 후기 풍속화 중 과거시험 응시 장면. 자리를 깔고
우산을 받치고 모여 앉은 선비들의 모습이 시험을 보
러 온 것이 아니라 마치 유람을 나온 것처럼 보인다.

"힘센 무인들이 들어오며, 심부
름하는 노비들이 들어오고, 술
파는 장사치까지 들어오니 과거
보는 뜰이 비좁지 않을 이치가
어디에 있으며 (중략) 심한 경우
에는 망치로 상대를 치고, 막대
기로 상대를 찌르고 싸우며, 문
에서 횡액을 당하기도 하고, 길
거리에서 욕을 얻어먹기도 하
며……."

박제가朴齊家가 《북학의北學議》에서 말한 힘센 무인들은 쟁접을 담당한 선접군들로 이들은 횡액을 당하기도 했다. 더 충격적인 것은 잡인을 금해야 하는 시험장에 술 파는 장사치에 노비들까지 들어와 기웃거렸다는 대목이다. 지금은 시험장에 응시생 이외의 사람은 출입을 엄금하는데 이들은 아무렇지도 않게 과장을 들락거린 것이다. 아울러 응시생들도 부정행위로 의심받을 물건들이나 시험과는 관계없는 것들을 들여왔다. 시험을 보는데 물 끓이는 솥이나 불은 왜 필요했던 걸까? 과장에는 이런 물건들까지도 버젓이 들어왔다.

"지난번 방방放榜에서 감시監試에 차술借述하여 시험에 합격한 자가 있으니, 오로지 장옥場屋이 엄하지 못하여 시제試題를 누설해서 알려주었기 때문입니다. 청컨대 극위棘圍를 튼튼하게 설치하여 출입하는 사람을 엄하게 금하소서" 하고, 대사헌 김자정金自貞은 아뢰기를 "이 전에는 거자擧子가 책을 가지지 못하였는데, 지금은 책 가지는 것을 수색하는 것이 엄하지 못합니다" 하니, 임금이 말하기를 "법이 엄하지 아니한 것이 아니라 다만 시관試官과 수협관搜挾官이 검찰檢察을 아니한 것뿐이다. 해조該曹로 하여금 금방禁防함을 거듭 밝히도록 하라" 하였다.

　　　　　　　─《조선왕조실록》성종 18년, 1487년 2월 23일의 기록 중 발췌

성종 18년 2월 조정에서 논의된 내용이다. 여기에 주목해야 할 몇 가지 단어들이 나온다. 차술借述은 대리시험이고, 시제 누설은 시험지 유출이다. 책을 몰래 들고 가 베끼는 협서挾書를 막기 위한 수

협관搜挾官이란 임시 시험 감독관 직책도 나온다. 예나 지금이나 부정행위 방법은 비슷했나 보다.

그러나 이 정도는 애교였다. 17세기가 되면 과거시험의 공정성이 완전히 무너지는데 권문세가의 자식들은 밖에 나가 답안지를 작성해 들어오고, 책을 몰래 들고 가 베끼는 협서는 당연한 일이 됐다. 오픈북이라고 해야 할까?

과거시험 대비 테스크포스팀

더 큰 문제는 과거시험이 개인이 아니라 팀별로 보는 조별과제 형태로 바뀌었다는 점이다. 혼자서 과거 초시를 봐 합격하기가 어려워졌기 때문이다. 어째서 이런 일이 벌어진 것일까? 앞서 설명했다시피 정조 24년에 치러졌던 정시 초시에 응시한 수험생 수는 11만 명이 넘었다. 이들이 공정하게 시험성적만으로 평가를 받았다면 이런 일이 생기지 않았겠지만, 시험을 치르는 수험생이나 채점하던 시험감독관이나 시간적 제약이 컸다는 게 문제였다.

바로 현제판懸題板과 즉일방방卽日放榜 때문이다. 우선 현제판에 대해 이야기하자면 조선 시대 과거시험은 시험지를 나눠주는 것이 아니라 문제를 출제해놓은 판(현제판)을 보고 베껴와 시험을 봐야 했다. 때문에 최대한 현제판 가까운 곳에 자리를 잡고 시험을 보는 것이 유리했다. 즉일방방은 답안을 하루 안에 채점해 결과까지 발표한다는 뜻이다. 답안 수를 생각하면 거의 불가능에 가까운 일이었다. 오늘날과 같이 객관식 시험에 컴퓨터 채점을 한다면 몰라도 논술고사에 수작업으로 채점했던 조선에서는 사람의 힘으로는 도저히 해낼 수 없는 일이었다. 그래서 생각해낸 게 먼저 제출한 3백 장 안쪽의 시험지만을 합격시키는 편법을 썼다.

"과장에서 시권을 일찍 올리는 폐단은 시험을 관장하는 사람이 일찍 가져가기 때문입니다. 생각건대 전하께서 그 폐단을 깊이 생각하시어 특별히 시각을 한정하고 호명하여 올리도록 하셨는데, 금년 가을 감시監試의 이소二所에서 뽑힌 글을 보면 3백 장 안에서 거의 다 나왔으니, 조정에서 명령을 신실하게 행하는 뜻이 도대체 어디에 있습니까."

— 《조선왕조실록》 정조 21년, 1797년 9월 24일의 기록 중 발췌

대사간 성정진成鼎鎭이 정조에게 올린 상소다. 선착순으로 합격자를 뽑는 것의 부당함을 호소하는 내용이다. 상식적으로 보면 맞는 말이지만 현실적으로는 힘든 일이었다. 10만 명이 넘는 수험생을 관리하고 이들이 제출한 시험지를 채점해서 그날 발표하는 건 불가능했기 때문이다. 상황이 이렇자 수험생들은 과거시험을 팀플레이로 보기에까지 이른다. 바로 접接의 탄생이다. 접이란 일종의 '과거시험 대비 테스크포스팀'이라고 보면 되는데 최소 단위가 세 명이었다.

구성원을 보면 우선 현제판 앞자리를 잡기 위한 자리싸움의 선봉을 맡은 선접군이 있다. 보통 덩치가 좋고 날랜 사람들이 했는데 이들은 과거시험 며칠 전부터 영역을 표시할 말뚝이나 일산日傘 등

을 들고 과장 앞에 진을 친다. 그렇게 며칠 밤을 새워가며 자리를 잡고 있다가 당일 과장 문이 열리면 미친 듯이 시험장으로 내달려 간다. 이때 상대편 선접군과 몸싸움이 벌어지는데 이를 쟁접爭接이라 한다. 이 와중에 쓰러지기라도 한다면 뒤에 오는 사람들에게 밟혀 죽을 수도 있고, 운이 좋으면 팔다리 한두 개 정도 부러지는 선에서 끝날 수도 있다. 말 그대로 전투였다.

이렇게 힘겨운 쟁접이 끝나고 자리를 차지하면 뒤에 오던 사수寫手와 거벽巨擘이 시험 문제를 베긴 다음 시험지 작성에 들어간다. 사수寫手는 '베끼는 손'으로 주로 글씨를 잘 쓰는 사람이 시험지를 예쁘게 베껴 쓰는 것이다. 거벽巨擘은 대리시험자다. 즉 거벽이 시험 문제를 풀면 이걸 사수가 정서精書해서 답안지를 작성하는 것이다. 이렇게 작성된 답안지는 다시 선접군의 손에 넘어가고, 3백 등 안으로 이 시험지를 밀어넣어야만 채점자들이 한 번이라도 거들떠봤던 것이다.

보통 과거시험이란 유생들이 피땀 흘려 공부했던 자신의 학문을 평가받는 자리라 여겼지만 시대가 흘러 이렇듯 괴상망측한 행위가 이루어지는 난장판이 되고 말았다. 좋은 인재를 가려 뽑아 국가의 동량으로 삼고, 이 인재들이 열과 성을 다해 나라를 이끌어 나가는 것이 성리학이 꿈꾸는 도학의 나라였지만, 조선 후기가 되면 그 기본인 과거시험조차 무너지면서 조선의 국운도 내리막길을 걷는다. 인재 육성과 공정한 선발이 나라의 미래를 위한 가장 중요한 가치란 사실을 조선은 잊고 있었다.

왕자는 누구의 젖을 먹고 자랐는가

"조선 시대 왕들도 젖을 먹고 자랐을까?"

왕도 사람이니 당연히 젖을 먹고 자랐겠지만, 왕이지 않은가? 중전이나 후궁들이 가슴을 풀어헤치고 왕자들에게 젖을 물렸다는 것이 잘 상상이 가지 않는다. 그래도 일국의 중전이며 만인의 어머니인데 때마다 왕자에게 젖을 물리는 게 보통 일은 아니었을 것이다.

그럼 왕자들에게는 젖을 물리지 않았을까? 아니다. 왕자들은 분명 젖을 먹고 자랐다. 다만 중전의 젖이 아니었다. 조선 시대 왕들은 엄마가 아닌 다른 사람의 젖을 먹고 자랐다. 이는 훗날 정치적 소란까지 불러온다.

조선 시대 아들이 태어나는 것보다 집안에 더한 경사는 없었다. 더구나 대통을 이어야 하는 궁에서 첫아들이 태어났다는 것은 경사 중의 경사였다. 경사에 포상이 빠질 수 없었다. 왕은 으레 왕자가 탄생하면 관계된 이들에게 포상을 내렸고, 감옥에 갇혀 있던 죄인들을 방면하여 자신의 기쁨을 백성들과 나눴다.

내명부에서는 중전이나 후궁들이 배가 불러오면 현실적인 문제를 고민했는데 누가 왕자에게 젖을 물릴 것이냐는 점이다. 대비나 대왕대비 같은 궁궐 어른들은 미리미리 물색해 출산할 즈음에는 젖이 풍부한 유모를 대기시켜 놓았다.

유모 선발 과정

왕자를 낳은 여인들은 딱 삼칠일까지만 자식에게 젖을 물렸고, 그다음부터는 유모들이 대신했다. 이건 왕자, 공주를 떠나 모든 왕실 자식들에게 해당하는 사항이었다. 그런데 장래 조선의 왕이 될 이에게 젖을 물린다는 중차대한 임무를 맡을 유모를 아무렇게나 선발할 수는 없었다. 해서 이 유모를 뽑는 것 자체가 보통 일이 아니었다. 대비나 대왕대비가 친히 심사를 맡았는데 심사기준을 살펴보자.

첫째, 몸이 건강하고 몸집이 있는 여인이어야 한다.
둘째, 진한 흰색의 건강한 젖이 나와야 한다.
셋째, 정신이 맑고 성품이 온화해야 한다.

여기서 끝이 아니다. 왕자에게 젖을 물리는 동안에는 엄정한 생활지침대로 생활해야 했다.

> 첫째, 금주(만약 술을 마셨다면 젖을 주지 말아야 한다).
> 둘째, 남편과의 부부관계 금지.
> 셋째, 시거나 짠 음식의 취식 금지.

왕자의 유모로 뽑혔다는 것은 젖을 생산할 수 있는 상태, 즉 아이를 낳은 지 얼마되지 않은 산모여야 했다. 유모는 자기 자식에게 가야 할 젖을 왕자에게 먹였던 것인데 실제로 그 때문에 자식을 굶겨 죽인 경우도 있을 정도니 엄마로서는 못할 짓이었다. 그런데도 유모가 되겠다고 눈에 쌍심지를 켜고 유모 선발에 덤벼든 이유가 무엇이었을까? 바로 인생역전을 위한 로또였기 때문이다.

영의정 바로 아래 종1품 봉보부인

조선 시대 왕위 승계는 적장승계嫡長承繼가 원칙이었다. 그러나 그 자격요건에 맞는 왕은 고작 여섯 명뿐이었다(문종, 단종, 연산군, 인종, 현종, 숙종). 스물일곱 명의 왕 중 여섯 명이라니 아무리 세자를 키워봤자 왕이 될지 안 될지는 두고 봐야 알 일이었다. 확률로 따지면 22퍼센트밖에 되지 않는 상황. 그러나 일단 이 확률에 걸리면 그 유모는 인생역전을 하게 된다. 어머니의 손보다 유모의 손을 더 탔던 왕실의 아이들에게 유모는 인간의 체취를 느낄 수 있는 유일한 사람이었을

관품	내명부		외명부		
	왕궁	세자궁	왕궁	종친의 처	문무관의 처
정1품	빈嬪		공주公主 옹주翁主 부부인府夫人	부부인府夫人 군부인郡夫人	정경부인 貞敬夫人
종1품	귀인貴人		봉보부인 奉保夫人	군부인郡夫人	정경부인 貞敬夫人
정2품	소의昭儀		군주君主	현부인縣夫人	정부인貞夫人
종2품	숙의淑儀	양제良娣		현부인縣夫人	정부인貞夫人
정3품	소용昭容		현주縣主	신부인愼夫人	숙부인淑夫人
				신인愼人	숙인淑人
종3품	숙용淑容	양원良媛		신인愼人	숙인淑人
정4품	소원昭媛			혜인惠人	영인令人
종4품	숙원淑媛			혜인惠人	영인令人

임금의 유모 봉보부인의 품계는 종1품으로 초고속 신분상승이었다.

지도 모른다. 그렇기 때문에 자신의 젖을 물려 키운 왕자가 왕이 되는 순간, 이들의 삶은 180도 달라진다.

보통 내수사 노비 출신이 많았는데 이들이 순식간에 봉보부인(奉保夫人, 임금의 유모에게 내려주던 봉작으로 종1품이었다)이 된다. 이는 왕비의 엄마, 즉 왕에게는 장모가 되는 부부인府夫人보다 한 등급 아래이고, 외명부 최고 품계인 정경부인貞敬夫人과는 같은 수준이었다. 육조판서들의 품계가 정2품이었으니 봉보부인은 장관들보다도 지위가 높았다. 그에 맞춰 연봉도 상당했다. 영의정이 1년에 쌀 50석이 안 됐는데 봉보부인은 쌀 60석에 식대와 의상비 같은 품위유지비가 후궁인 빈과 귀인 수준에 맞춰 매달 지급되었다. 덤으로 노비를 받는 경우도 있었고, 봉보부인의 남편에게 벼슬을 내려주기도 했다. 이러다 보니 너무 과분한 대우가 아니냐는 얘기가 나오기도 했다. 대표적인 사례가 연산군 시절에 불거진 봉보부인 최 씨의 경우다.

> "봉보부인의 공·사천公私賤 족친을 명하여 혹은 종량從良 또는 포공布貢 하도록 한 것이 무릇 40인인데, 만약 동산同産이나 백숙伯叔이라면 오히려 가하거니와 원족까지도 역시 다 참여하였으니 이는 너무도 불가합니다" 하니, 전교하기를 "이 일은 경들이 말할 바가 아니다. 봉보가 공이 있고 또 전례가 있기 때문이다. 비록 말하더라도 들어줄 수 없으니, 이후로는 다시 말하지 마라" 하였다.
>
> ─《조선왕조실록》 연산군 2년, 1496년 3월 9일의 기록 중 발췌

여기서 말한 전례란 예종 시절의 일이다. 예종은 왕위에 오르자마자 자신에게 젖을 물렸던 봉보부인에게 포상을 했고 여기에 더해 봉보부인의 사촌들까지 전부 면천시켰으니 그 수가 스물일곱 명에 달했다. 문제는 예종의 경우에는 사촌까지, 연산군의 아버지인 성종은 동생만 면천시켰는데 연산군은 통 크게 5촌과 6촌들까지 모두 포함시킨 것이다. 당연히 신하들이 들고일어날 수밖에 없었다. 부왕이었던 성종처럼 상식선에서 포상하라는 것이었다. 이는 단순히 봉보부인에 대한 포상 문제 정도로 볼 수도 있겠지만, 그 이면에는 정치적 알력이 있었다.

이 사건은 신권과 왕권의 힘겨루기 양상으로 변한다. 즉위 초(연산군 2년), 연산군이 열아홉 살에 등극했으니 갓 스물하나가 된 왕의 기를 꺾어보겠다는 신하들과 성종 시절 언관들의 전횡을 보며 이를 갈았던 연산군의 본격적인 대치가 시작된다. 이는 왕과 신하들의 자존심 싸움으로 번졌다. 상황이 이렇게 돌아가자 대신들과 대간들의 상소가 연일 이어졌다.

> "엎드려 듣자옵건대, 전하께서 봉보부인에게 노비 7구를, 보모에게 노비 6구를 하사하시고, 또 명하여 봉보부인의 족친 6촌까지 천인이 양인으로 된 자가 6이고, 사천私賤으로 공천公賤이 된 자가 24이고, 공천으로 포공布貢을 바치게 한 자가 10이라 하오니, 신들은 놀라움을 이기지 못합니다. 이 어찌 전하께서 이렇게도 사은私恩을 남용하십니까."
>
> —《조선왕조실록》연산군 2년, 1496년 3월 13일의 기록 중 발췌

신하들이 이렇듯 덤벼들자 연산군도 슬며시 타협안을 내놓는다. 그러나 신하들은 타협안을 받아들일 생각이 전혀 없었다. 상황은 연산군과 신하들의 대치국면으로 넘어갈 듯싶었는데 의외로 성겁게 끝나고 만다. 연산군이 봉보부인에 대한 직첩을 회수하고, 녹봉 지급 중단을 선언한 것이다. 게다가 봉보부인의 친척을 면천시키겠다는 명도 거둔다. 왜 그랬을까? 봉보부인 최 씨가 왕실의 물건을 훔쳤던 것이다. 신하들은 연산군에게 박수를 보내며 슬며시 봉보부인의 죄를 물었지만 연산군은 묵살한다.

이후에도 연산군은 왕실 문제에 민감하게 반응했다. 왕실의 기밀이나 사적인 문제가 밖으로 새어 나가는 걸 극도로 경계했고, 새어 나갔을 경우에는 끝까지 유출자를 잡아다 벌을 주었

봉보부인 이야기가 나오는 《연산군일기》.

다. 한마디로 사생활 보호에 적극적이었다.

그렇다고 해서 봉보부인에 대한 애정이 식었던 것은 아니었다. 그 뒤 연산군은 신하들의 반대에도 불구하고 봉보부인의 직첩과 녹봉을 돌려주었고, 조금 지나 봉보부인이 병들어 눕게 되자 위로하겠다며 봉보부인의 아들과 사위에게도 벼슬을 내려준다. 그 뒤 봉보부인이 죽자 가족들에게 녹봉을 지급하라고 명한다.

연산군이 특별히 더 봉보부인을 사랑했던 건 사실이지만, 왕자의 유모가 되고 그 왕자가 왕위에 오른다면 어느 정도의 특전은 관례로 받아들여졌다. 그렇기에 왕자의 유모들은 자신의 자식을 내팽개치고 왕자에게 젖을 물렸던 것이다. 그 사실을 잘 알고 있었던 조선시대의 왕들은 최대한의 예우로 그녀들을 대접했다.

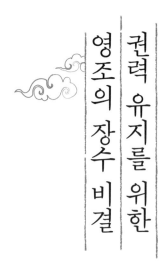

권력 유지를 위한

영조의 장수 비결

조선 제21대 임금 영조는 붕당정치의 폐해를 막기 위해 강력한 탕평책을 시행했고, 백성들의 고충을 덜어주기 위해 균역법均役法을 실시한 명군 중 한 명이다. 하지만 일반인들은 51년 7개월이란 엄청난 재위 기간과 여든셋이라는 조선 왕조 역대 임금 중 최장 장수 기록을 보유한 왕으로만 기억할 것이다.

확실히 영조는 오래 살았다. 그러나 이는 영조의 노력이 수반된 결과다. 아울러 이런 노력 덕분에 영조는 더 많은 권력을 얻을 수 있었다. 과연 영조는 어떻게 장수를 할 수 있었던 걸까?

보통 한 나라의 임금이라 하면 당대 최고의 의식주와 함께 의료 서비스까지 제공받았다. 그런데 조선의 왕들은 이런 혜택에도 불구하고 자주 질병을 앓았고, 수명도 만족할 만큼 길지 못했다(스물일곱 명 왕의 평균 수명은 마흔일곱이었다). 어째서 왕들은 일찍 죽었을까? 왕들의 생활습관을 확인해볼 필요가 있다.

첫 번째로 거론되는 것이 왕들의 식생활이다. 왕은 기본적으로 다음의 다섯 끼를 먹었다.

- 초조반(자릿조반), 아침 7시 전에 먹는 것으로 주로 미음이나 타락죽 같은 유동식이 나왔다.
- 아침상, 오전 10시쯤 나오는 12첩 반상으로 수라는 흰 쌀밥인 백반이나 붉은 팥물로 지은 홍반이고 기본 밑반찬인 국, 찌개, 김치, 장, 찜에 12가지 반찬과 함께 전골까지 푸짐하게 나왔다.
- 낮것상, 오후에 먹는 간식으로 국수나 장국, 다과가 올라왔다.
- 저녁상, 오후 5시쯤 나오는 상으로 아침상과 같은 12첩 반상이다.
- 야참, 밤에 약과나 수정과, 식혜나 죽 같은 간단한 요깃거리가 나왔다.

보면 알겠지만 한마디로 영양 과잉이었다.

둘째, 운동습관이다. 조선 초기의 왕들은 사냥이나 격구 등 야외에서 활동하는 양이 많았다. 그러나 후기로 갈수록 야외 활동이 대폭 줄어드는데 그 이유 중 하나가 군약신강君弱臣强, 혹은 군신공치君臣共治라 불렸던 조선의 정치 상황 때문이었다. 신하의 힘이 왕권을 위협하는 지경에까지 이르자 왕의 행보가 그만큼 위축된 것이다. 사냥은 동원되는 인력과 물자의 양이 만만치 않았기에 자주 나갈 수 없다지만, 격구는 충분히 자주 할 만했다. 하지만 주자학의 이념에 어긋난다는 이유로 배척받았다. 이렇게 활동할 수 있는 공간이 축소된 상황에서 임금의 생활이란 완전 자동화의 삶이었다. 몇 발 걸을라치면 임금의 가마인 연(輦)에 올라탔고, 발을 씻어주는 궁녀가 나타나니 허리를 굽힐 일도 드물었다. 영양은 과잉인데 운동량은 절대 부족 상태였던 것이다.

셋째, 지나치게 여색을 탐했다. 더 이상 무슨 설명이 필요할까? 궁궐 안의 궁녀 수만 생각해도 금방 이해할 수 있을 것이다.

넷째, 지나친 스트레스. 예로부터 임금의 일은 만 가지 일을 챙겨 봐야 한다고 할 정도로 방대했다. 한 나라를 다스리는 일이니 만 가지뿐이겠는가? 이런 과도한 업무와 빡빡한 일정을 소화해낸다는 건 여간한 정신력으로는 어려웠을 것이다.

현대인이 고민하고 있는 성인병의 발병 원인과 똑같다. 왕들이 어째서 천수를 누리지 못했는지를 확인할 수 있는 대목이다.

영조의 장수 비결은 밥상?

이런 상황에서도 영조는 1694년 태어나 1776년에 승하하니 여든 세 살이라는 최장수 기록을 세운다! 지금 시점에서 봐도 장수했다 할 수 있는 나이다. 영조가 왕의 평균 수명 마흔일곱 살의 두 배 가까이 수명을 유지할 수 있었던 비결은 무엇일까?

그의 잠저(潛邸, 임금이 왕이 되기 전 민간에서 살았던 집)에서의 생활 방식을 꼽을 수 있다. 영조의 아버지 숙종은 경종을 세자로 앉혔지만

(중간에 바꾸려 하다 숙종이 너무 일찍 죽어 경종이 왕이 된다) 경종에게는 자식이 없었다. 이를 빌미로 경종의 반대세력인 노론이 연잉군(영조)을 왕세제王世弟로 내세운다. 이때가 1721년의 일이다. 그 전까지 영조는 잠저에서 생활했는데 어머니 숙빈 최 씨의 근검절약 정신이 몸에 배어 있었다. 영조는 왕치고는 궁상스러운 삶을 살았는데 재미난 사실은 이런 검소한 스타일 덕분에 모범 군주로 인식됐고, 이는 통치력에 힘을 더해주었다.

앞에서 언급했듯이 임금은 기본적으로 하루 다섯 끼를 먹었지만, 영조는 세 끼면 족해했다. 그마저도 육류가 아니라 채소 위주였다. 단백질은 주로 어류를 통해 섭취하였다. 영조가 현미나 잡곡을 섞은 밥을 먹었다는 것도 주목해서 봐야 한다(당시 왕들은 백미를 먹었다). 현미에는 비타민 B, 이노시톨, 가바 등을 함유되어 있어 당뇨나 고혈압 같은 성인병에 특효약이라 할 수 있다. 성인병으로 고민하는 현대인들도 한 번쯤 고민해봐야 할 식습관이다.

제일 중요한 건 무슨 일이 있어도 끼니를 챙겼다는 점이다. 신하들과 회의나 토론을 하던 중이라도 식사시간만 되면 잠시 중단할 정도로 영조는 규칙적으로 식사를 했다. 이 부분은 주목해서 살펴봐야 한다. 이렇게 회의나 토론 중간에 밥을 먹는 경우 영조는 혼자 식사를 했고, 신하들은 영조가 수저를 내려놓을 때까지 그냥 기다렸다 다시 회의를 시작했다. 당연히 신하들은 배가 고픈 상황이어서 영조의 페이스에 말려들 수밖에 없었고, 영조는 이를 십분 활용해 자기 뜻대로 회의를 진행했다. 건강을 위해서 제때 끼니를 챙겨 먹었을 뿐만 아니라 덤으로 신하들을 압박하는 수단으로도 활용했다. 아니, 반대로 신하들을 압박하기 위해 끼니를 제때 챙겨 먹었던 것일 수도 있다.

또한 영조는 여자를 많이 밝히지 않았다. 51년 7개월이란 어마어마한 재위 기간 동안 중전 두 명에 후궁 네 명을 뒀던 것이 고작이었다. 지금 기준으로는 많아 보이지만 당시로선 색色을 멀리했다 말할 수 있는 게, 태종은 왕위에 있던 17년 10개월 동안 12명의 아내를 뒀으니 1년 반에 한 명꼴로 새 여자를 들였다는 계산이 나온다. 성종이 2년에 한 명, 중종도 3년에 한 명꼴로 새 여자를 들였다.

술을 멀리한 것도 장수 비결이었다. 영조는 심지어 조선에서 술을 없애겠다며 두 팔을 걷어붙였다. 그래서 금주 단속 특별수사대 금란방禁亂房이 탄생했다. 흉년이 들면 미곡을 절약하기 위해 금주령을 내린 적은 있었지만, 재위 기간 내내 금주를 위해 노력한 왕은 찾아보기 힘들다. 영조는 종묘제례에서도 술을 쓰지 않았던 것은 물론 그 자신도 마시지 않았다. 여기에 대한 기록이 남아 있다.

임금이 야대夜對를 홍정당에서 행하였다. 강講하기를 마치고 선온宣醞하였는데, 검토관 조명겸趙明謙이 아뢰기를 "가만히 여항閭巷에 전해진 말을 들으니, 혹은 성상께서 술을 끊을 수 없다고들 한다는데 신은 그 허실을 알지 못하겠지만 오직 바라건대 조심하고 염려하며 경계함을 보존토록 하소서."

—《조선왕조실록》영조 12년, 1736년 4월 24일의 기록 중 발췌

조명겸이 은근히 영조에게 우리는 못 마시게 하고 혼자 술 마시는 거 아니냐고 옆구리를 찌른 것이다. 이 질문에 대한 영조의 답변이 걸작이다.

"내가 목이 마를 때 간혹 오미자차를 마시는데 남들이 간혹 소주인 줄 의심해서다."

—《조선왕조실록》 영조 12년, 1736년 4월 24일의 기록 중 발췌

영조는 술을 거부했다. 술의 폐해에 대해서는 더 말하지 않아도 알 것이다. 영조는 몸에 해가 되는 것들은 일절 하지 않았다.

정치 주도권을 잡은 눈물

영조의 건강과 정치 주도권을 잡은 핵심 키워드는 바로 눈물이었다. 영조는 눈물의 왕이었고, 눈물을 믿었던 왕이었다.《조선왕조실록》을 보면 눈물 흘리는 영조의 모습을 심심찮게 확인할 수 있다(덤으로 눈물을 강요하는 모습도).

밤에 승지와 유신을 불러 어제御製 심감문心鑑文을 받아쓰게 한 다음, 이어서 하교하기를 "황형皇兄께서는 나와 우애가 매우 돈독하여 서연書筵이나 소대召對를 할 적이면 번거로움도 꺼리지 않고 자주 친림하여 이따금씩 글을 먼저 읽고 나서 나에게 읽어볼 것을 권하였으므로 시강원

의 관원들이 옥음玉音을 들을 수가 있었다. 아! 지금에 와서는 비록 조강朝講과 주강晝講을 열고는 있으나, 그 누가 와서 들으며 그 누가 권면하겠는가?" 하고 이어 오열하며 말을 잇지 못하였다.

—《조선왕조실록》 영조 22년, 1746년 10월 18일의 기록 중 발췌

여기서 말하는 황형은 경종을 뜻한다. 장희빈의 아들이자 영조의 형이었던 경종은 영조에게 독살당했다는 소문이 나돌았던 인물이다. 왕세자가 아니라 왕세제로 이어지는 비정상적인 왕위승통, 여기에 더해 독살음모까지 퍼지자 영조는 정당성에 치명적인 손상을 입는다. 이를 극복하기 위함인지 영조는 틈만 나면 황형에 대해 언급했고, 눈물을 흘렸다. 재미난 사실은 이 눈물을 상당히 정치적으로 활용했다는 것이다. 경종에 대한 이야기가 나올 때마다 눈물을 흘리며 자신이 경종을 얼마나 사랑했고 존경했는지를 온몸으로 연기했다. 무척 억울한 듯, 혹은 정말 사랑한 듯.

이런 눈물 말고도 영조는 다른 눈물도 많이 흘렸는데 신하들의 거센 압박이 들어오거나 자신에게 불리한 상황, 혹은 자신이 주도권을 잡아야 할 사안이 나오면 시도 때도 없이 눈물을 흘렸고, 그때마다 신하들은 주춤할 수밖에 없었다. 왕이 눈물을 흘리는 상황에서 섣불리 어떤 말을 할 수 있겠는가. 어쩌면 영조는 눈물중독이었는지도 모르겠다. 무서운 건 눈물을 타인에게까지 강요했다는 점이다. 타인의 진심은 믿지 않아도 타인의 눈물은 믿었던 듯싶다. 사도세자에게 눈물을 흘리도록 강요했고(눈물을 흘려야만 그 진심을 확인할

수 있다고), 그 눈물을 진심으로 받아들였다.

아이러니하게도 이 눈물이 영조의 장수를 도와줬던 것 같다. 미국의 생화학자 윌리엄 프레이 박사가 실시한 연구에 따르면 눈물은 우리 몸에서 스트레스와 관련된 물질을 씻어내는 효과가 있으며, 그래서 잘 울고 나면 기분이 좋아진다고 한다. 그 이유를 좀 더 파고든 연구도 있는데 눈물은 미네랄의 일종인 망간을 몸 밖으로 배출하는 작용을 한다는 것이다. 생화학자 윌리엄 프레이의 연구에 따르면 망간은 혈액보다 눈물에 30배나 많이 함유돼 있다. 망간은 기분을 바꾸는 작용을 해서 우울하거나 화가 날 때 눈물을 흘리면 망간이 배출되면서 스트레스가 완화된다.

영조 어진 | 51세 때의 영조 모습. 이 초상화는 영조 20년 (1744년) 장경주, 김두량이 그린 그림을 1900년에 다시 모사한 것이다.

또 다른 연구에 따르면 눈물은 스트레스를 받을 때 발생하는 코티솔이나 카테콜아민과 같은 호르몬을 배출하는 역할도 한다고 한다. 이래저래 눈물을 흘리면 건강에 도움이 되는 것이다. 이렇게 보면 정치적으로 활용했던 눈물이 정치적 주도권 획득뿐만 아니라 영조의 장수까지 도왔다.

조선 사람들의 평균 수명은 마흔네 살이었는데 그 두 배 가까이 산 영조는 신하들을 압도할 수 있었다. 해가 갈수록 노회해지는 영조의 정치력과 책에선 배울 수 없는 경험, 그리고 타고난 노력 등에 의해 경연장에서 신하들을 꾸짖을 정도의 학문적 성취까지 이룬 영조는 강력한 왕권을 손에 넣는다.

영조의 장수가 곧 권력의 장수로 이어진 것이다.

담배 피울 것인가,
끊을 것인가

2015년 새해 벽두부터 많은 이들의 마음이 부글부글 끓는 사건이 있었다. 바로 담뱃값 인상이다. 흡연자든 비흡연자든 담뱃값 인상 소식에 저마다의 품평을 내놓고 있다. 이런 담배 논란이 현재의 대한민국에서만 있었을까?

처음에 무인 서치徐穉가 관직을 구하여, 담배南草 1태馱를 이조판서 민점閔點의 사위에게 뇌물로 주고 감찰監察에 제수될 수 있었다.

—《조선왕조실록》숙종 3년, 1677년 12월 4일의 기록 중 발췌

무인 서치가 담배 1태, 즉 말 한 마리에 실을 양만큼을 이조판서 민점의 사위에게 뇌물로 바쳤고, 그 결과 벼슬자리를 얻었다는 것이

다. 이를 통해서 알 수 있는 사실은 첫째, 숙종 시절에 이미 담배는 기호품으로서의 위치를 단단히 다지고 있었으며 둘째, 뇌물로 사용될 만큼 고가였다는 것이다.

하나씩 살펴보자. 우선 우리나라에 담배가 언제 들어왔을까 하는 궁금증인데 대체로 임진왜란 직후인 1608년부터 1616년 사이에 일본에서 전래됐다는 설이 가장 유력하다. 〈인조실록〉에 1616년이라는 말이 나와 있기는 하지만 광해군 6년(1614년)에 발간된 《지봉유설》에 끽연 방법이 나온 걸 보면 그 이전에 들어왔음을 유추할 수 있다. 가격에 대한 기록도 《조선왕조실록》에 나오는데 인조 시절인 1624년에는 담배 한 근 가격이 은 한 냥이나 될 정도로 비쌌다고 하고, 1642년에는 의주의 고가청雇價廳에서 담배 3백 근을 고리대금 원금으로 활용해 관청의 경비를 조달했다는 기록도 확인할 수 있다.

여기까지만 보면 조선 시대에는 담배가 너무 비싸서 사회 지도층이나 즐기는 기호품이 아니었을까 생각하게 된다. 그러나 불과 몇 년 사이에 담배는 조선 팔도에 연기를 뿜어대기 시작한다. 1666년 9월, 13년간의 억류 생활에서 탈출한 하멜은 네덜란드로 돌아가 조선에서의 생활을 한 권의 책으로 풀어낸다. 바로 《하멜표류기》다. 여기에 나와 있는 조선은 말 그대로 골초 국가였다.

"현재 조선인들 사이에는 담배가 매우 성행하여 어린이들까지도 4, 5세 때에 이미 이를 배우기 시작하며, 그래서 남녀 간에 담배를 피우지 않

는 사람이 극히 드물다. 처음 담배가 들어왔을 때 그들이 은銀의 중량
으로 이를 무역하였고, 그 이유로 (담배가 나는) 남반국南班國을 세계 가운
데 가장 훌륭한 나라의 하나로 쳐다보게 되었다."

《하멜표류기》를 좀 더 살펴보면 화란, 즉 네덜란드는 몰라도 담배
를 전래해준 남반국 포르투갈에 대해서는 훌륭한 나라로 생각한다
고 적혀 있다. 일본에 담배를 전래한 곳이 포르투갈이고, 조선이 그
걸 넘겨받았기에 남반국은 조선에 더없이 좋은 나라였다. 그만큼
우리 민족의 담배에 대한 애정은 남달랐다.

담배 맛에 푹 빠지다

이렇게 귀하고 맛난 담배를 조선 사람들만 애용하는 게 못내 안
타까웠는지 조선은 청나라에 담배를 전파한다.

우리나라 사람이 몰래 담배南靈草를 심양瀋陽에 들여보냈다가 청나라 장
수에게 발각되어 크게 힐책을 당하였다. (중략) 오래 피운 자가 유해무익
한 것을 알고 끊으려고 하여도 끝내 끊지 못하니 세상에서 요망한 풀이
라고 일컬었다. 심양으로 굴러들어가자 심양 사람들도 또한 매우 좋아
하였는데, 오랑캐 한汗은 토산물이 아니라서 재물을 소모시킨다고 하
여 명령을 내려 엄금했다고 한다.

—《조선왕조실록》인조 16년, 1638년 8월 4일의 기록 중 발췌

내용은 이렇다. 조선 사람이 담배를 들고 청나라로 들어갔다가 걸려서 힐책을 받은 것이다. 청나라 황제는 담배 피우는 걸 금지했는데 이 법령을 어긴 것이다. 왜 그랬을까? 그 이유를 설명하자면 병자호란까지 거슬러 올라간다. 1636년 병자호란이 터지고 여진족은 조선인 포로 20만 명을 끌고 간다. 조선은 이 포로들을 데려오는 것이 급선무였는데 이때 여진족 군인과 관료들이 조선인이 들고 온 담배 맛에 푹 빠진다. 이걸 놓치지 않고 조선은 담배와 포로를 맞교환한다. 이렇게 담배 맛에 빠져든 여진족은 조선에서 담배를 수입하기에 이른다. 문제는 그 대금이었는데 담배 때문에 너무 많은 은화가 유출된 것이다. 상황이 이렇게 돌아가자 청 태종은 담배 피우는 것을 금지한다. 이대로 놔뒀다간 재정적자를 감당할 수 없게 될 거라 판단했기 때문이다.

청나라뿐만이 아니었다. 조선은 몽골에도 담배를 팔았다.

비국랑備局郎 성익成釴을 보내어 몽골 땅에서 소를 사오게 하였다.

—《조선왕조실록》 인조 15년, 1637년 12월 14일의 기록 중 발췌

병자호란 직후 조선 팔도의 소들이 전염병으로 쓰러진다. 지금으로 치자면 구제역이라고 해야 할까? 농우가 쓰러지자 몽골의 소를 사오자는 의견이 나왔고, 이를 실행에 옮긴다. 이때 소의 대금으로 사용된 게 담배였다. 이미 몽골 사람들도 담배에 맛이 들린 상황이었기에 조선은 담배와 소를 교환하기에 이른다.

담배를 사랑한 조선의 임금

조선이 담배를 사랑했던 애연 민족 같지만 그 폐해에 대해서는 정확히 인지하고 있었다. '오래 피운 자가 유해무익한 것을 알고 끊으려고 하여도 끝내 끊지 못하니 세상에서 요망한 풀이라고 일컬었다'란 대목만 봐도 알 수 있다. 담배가 전래된 지 불과 20년이 채 안 됐음에도 불구하고 그 유해성을 안 것이다. 그럼에도 사람들은 담배를 끊지 못했다. 오히려 유학자들 사이에서 담배의 유해성에 대한 논쟁이 붙을 정도였다. 이 정도면 담배는 개인의 건강 차원이 아니라 나라의 근간을 뒤흔들 정도의 중요한 사회 문제가 된 것이다. 그리고 곧이어 더 큰 사회적 문제들이 터져 나왔다.

광해군 시절 담뱃불로 인해 불이 나 80칸 건물이 모두 전소됐다는 기록이 있고, 숙종 때는 왕릉 관리가 담뱃불 실화를 일으켜 체포되기도 했다. 건강 문제도 약간 언급하긴 했지만 가장 문제가 됐던 건 경제였다.

"남초를 심은 전지에 모두 곡식을 심게 하면 몇만 섬을 얻을 수 있을 것이다" 하니, 이병모가 아뢰기를 "기름진 토지에다 남초를 심었는데 서로西路가 더욱 심하니 이것이 가장 애석합니다" 하였다. 상이 이르기를 "일체 금지시킬 수는 없는가?"

— 《조선왕조실록》 정조 21년, 1797년 7월 8일의 기록 중 발췌

조선 후기로 갈수록 담배는 특용작물로 각광을 받았다. 숙종 시

절에는 애교 수준이었지만 영조를 거쳐 정조 대에 이르면 담배 재배를 금지시켜야 한다는 말이 나올 정도였고, 관리들의 연명 상소 또한 끊이지 않고 올라왔다. 정조도 이에 동의하고 담배 재배를 규제해야 한다고 생각은 했지만 그냥 시늉에 불과했다. 왜 그랬을까?

"백방으로 약을 구하여보았지만 오직 이 남령초에서만 힘을 얻었다. 화기火氣로 한담寒痰을 공격하니 가슴에 막혔던 것이 자연히 없어졌고, 연기의 진액이 폐장을 윤택하게 하여 밤잠을 안온하게 잘 수 있었다. 정치의 득과 실을 깊이 생각할 때에 뒤엉켜서 요란한 마음을 맑은 거울로 비추어 요령을 잡게 하는 것도 그 힘이며, 갑이냐 을이냐를 교정하여 추고推敲할 때에 생각을 짜내느라 고심하는 번뇌를 공평하게 저울질하게 하는 것도 그 힘이다."

정조가 자신의 개인 문집《홍재전서弘齋全書》에 펼친 담배예찬론이다. 그렇다. 정조는 조선 시대 역대 왕 중 최고의 골초였다. 심지어는 흡연을 장려해야겠다며 신하들에게 담배 정책안 제출을 지시한 책문을 낼 정도였다. 겉으로는 쌀농사를 지어야 할 땅에 담배농사를 짓는다며 막을 방법을 찾았지만, 이를 정책으로 밀고 나가야 할 시점이 되면 흐지부지 일을 마무리하지 않았다.

정조가 이랬다면 정조의 오른팔이었던 정약용은 어떠했을까? 그 왕에 그 신하라고 해야 할까? 정약용은 농서를 하나 만들어 올리는데 그는 거기서 농업의 침체가 담배 농사 때문이라는 사실에는 동의했지만 단서조항을 붙인다. 평지의 좋은 땅에 담배 농사를 짓는 건 반대지만 산지에 심으면 백성들에게 기호품을 제공하고 소득 증대의 이득이 있다는 것이었다. 더불어 담배의 효용성도 주장했는데 가래를 가라앉히고 체기를 다스린다고 했다. 정약용도 소문난 골초였다. 오죽하면 〈담배〉라는 시를 지어서 귀양살이하는 사람에게는 차와 술보다 더 좋은 것이 담배라며 극찬을 했을까?

조선 시대의 담배 예절

조선 후기에 흡연은 관료나 선비들 사이에서 격론이 오갈 정도로 주요한 쟁점이었다. 우리에게도 잘 알려진 책벌레이자 실학자였던 이덕무李德懋는 세상에 담배만큼 나쁜 게 없는데 자식에게 담배를 가르치는 부모는 무식하고, 부모가 피우지 말라는데 피우는 자식은 불초한 후레자식이라고 했다. 노론의 영수였던 송시열宋時烈이나 대동법으로 유명한 김육金堉 역시 흡연에 반대했다.

이런 논란을 아예 글로 남겨 결론을 내린 이가 있으니 바로 실학자 이익이다. 우리에게도 잘 알려진 《성호사설星湖僿說》을 보면 당시 유학자들 사이에서 오간 흡연의 장단점을 각각 다섯 가지와 열 가지로 정리해 담배를 피워야 할지 끊어야 할지 결론을 내린다. 흡연의 장점을 쓴 대목을 보자.

"담배는 가래가 목구멍에 붙어서 아무리 뱉어도 나오지 않을 때 유익하며, 비위가 거슬려 구역질이 날 때 유익하며, 먹은 음식이 소화가 안 돼 누울 수 없을 때 유익하며, 가슴이 답답하고 체해 신물이 올라올 때 유익하며, 한겨울 추위를 막는 데 유익합니다."

그럼 흡연의 단점은 무엇이었을까?

"이로움보다는 해로움이 더 심합니다. 안으로 정신을 해치고, 밖으로 귀와 눈을 해칩니다. 담배 연기를 쐬면 머리카락이 희어지고, 얼굴이 창백해지고, 이가 빠지며, 살이 삭이고, 사람으로 하여금 노쇠하게 합니다. (중략) 내가 이 담배에 대해 이로움보다는 해로움이 더 심하다고 하는 것은 냄새가 독해 재계하면서 신명과 통할 수 없는 것이 첫째이고, 재물을 축내는 것이 둘째이며, 이 세상에는 할 일이 너무 많아 걱정인데 요즘 사람들은 상하노소를 막론하고 1년 내내 하루 종일 담배 구하기에 급급하여 잠시도 쉬지 못하는 것이 셋째입니다."

양반용

평민용

천민용

조선 시대에는 남녀노소 모두 담배를 즐겼다. 담뱃대는 양반들의 권위를 나타내는 장신구 역할도 하였기에 상류 계층일수록 담뱃대의 길이를 길게 했으나 어린아이들은 신분에 구애없이 단죽을 사용했다.

건강에 대한 부분을 보면 오늘날 밝혀진 담배의 폐해와 비슷하다 할 수 있다. 이렇듯 담배에 대한 갑론을박은 끊이지 않고 이어졌지만 조선은 나라가 망할 때까지 담배의 생산과 흡연을 막지 못했다.

마지막으로 효종의 장인이자 조선 후기 4대 문장가로 이름을 떨친 장유張維의 일화를 소개할까 한다. 그는 자신의 저서《계곡만필谿谷漫筆》에서 "담배를 피우면 취한 사람은 술이 깨고, 배고픈 사람은 배가 부르게 된다"라며 예찬론을 펼쳤는데 얼마나 담배를 좋아했는지 직접 담배를 재배하고 주변 사람들에게 권했다고 한다.

그런 그가 주장했던 것 중 하나가 담배 예절이었다. 바로 담배를 태우지 못할 아홉 가지 상황이었는데 "임금 앞에서 피우지 말 것, 관원 앞에서 피우지 말 것, 어른 앞에서 피우지 말 것, 부녀자는 피우지 말 것, 병든 사람은 피우지 말 것, 이른 아침에 피우지 말 것, 잠자리에서 피우지 말 것, 문에서 피우지 말 것, 어린아이는 피우지 말 것"이었다. 하지만 이중 제대로 지켜진 건 거의 없었다고 봐도 무방할 것이다. 임금이 기우제를 지내는 행사장에서도 몰래 담배를 피우질 않나, 심지어 궁녀나 기생들도 담배를 피웠다. 아이들까지 너나 할 거 없이 담배를 피웠으니 장유의 주장은 말 그대로 이상론일 뿐이었다.

우리 민족의 담배 사랑은 이렇듯 애절했다. 그 덕분인지 예나 지금이나 담배에 대한 논란은 우리의 삶에 깊숙이 개입되어 있다.

한양 거리에 나타난
이야기꾼 전기수

"종로거리 연초 가게에서 짤막한 야사를 듣다가 영웅이 뜻을 이루지
못한 대목에 이르러 눈을 부릅뜨고 입에 거품을 물면서 풀 베던 낫을
들고 앞에 달려들어 책 읽는 사람을 쳐 그 자리에서 죽게 하였다고 한
다. 이따금 이처럼 맹랑한 죽음도 있으니 참으로 가소로운 일이다."

　　　　　　　　—《조선왕조실록》 정조 14년, 1790년 8월 10일의 기록 중 발췌

　정조가 황당한 살인사건에 대한 의견을 피력하면서 예로 든 이
야기다. 여기서 말하는 책 읽어주는 사람은 전기수傳奇叟였고, 풀 베
던 낫을 들고 덤벼든 이는 이야기를 듣던 청자였다. 전기수란 단어
가 생소할 것이다. 한자 뜻을 그대로 풀어보자면 '이야기책을 읽어
주는 노인'이라 할 수 있는데 이는 이런 일에 종사하는 이들을 뭉뚱

그려 통칭한 이름이다. 이를 좀 더 세분화하면 전문적으로 소설책을 읽어주던 강독사講讀師, 판소리를 들려주던 강창사講唱師, 이야기를 들려주던 강담사講談師로 나눌 수 있다.

18세기부터 시작된 조선의 소설 르네상스기에 이르면 이들의 인기는 하늘을 치솟았다. 돈 좀 있는 사대부나 부잣집에서는 인기 있는 강독사나 강창사를 섭외해 개인 토크 콘서트를 열 정도였고, 일반 백성들은 저잣거리에서 돈을 내고 단체관람을 했다. 인기가 점점 올라가 사대부 가문의 부녀자들을 위한 여자 강독사도 출연했다. 그 이전에는 남자 전기수들이 쓰개치마나 가벼운 여장을 한 채 토크 콘서트를 진행했으나, 분장에도 한계가 있고 아무래도 법도를 따지는 사대부 가문이다 보니 여성 전문 인력이 필요했던 것이다. 말 그대로 이야기 산업, 스토리텔링 시대가 도래했다.

스토리텔링 시대의 도래

그런데 왜 하필 18세기였을까? 분명한 건 이야기의 힘은 시대와 장소를 뛰어넘어 언제나 강력하다는 점이다. 책을 읽어주는 전기수란 직종이 조선에만 있었던 직업은 아니었다. 이미 미국이나 중세 유럽, 스페인 점령하의 쿠바에도 비슷한 직업이 존재했다. 19세기 해가 지지 않는 나라를 만들었던 영국의 빅토리아 여왕 시절에도 쉽게 확인할 수 있다.

산업혁명의 성공, 광대하게 구축한 해외식민지 덕분에 영국으로 돈이 몰렸고 영국인들의 문화 욕구는 한껏 고양된다. 이를 기반으로 해서 빅토리아 여왕 시절에 수많은 소설이 나온다. 지금 우리가 시대를 뛰어넘는 고전이라고 말하는 《폭풍의 언덕》, 《제인에어》, 《오만과 편견》 같은 소설들이 모두 이 시기의 작품이다.

18세기 조선의 소설 르네상스와 뒤이은 전기수들의 활약도 비슷한 맥락으로 이해하면 될 것이다. 다만 여기에는 커다란 대가가 필요했다. 바로 임진왜란이다. 임진왜란의 발발로 조선은 본격적인 스토리텔링의 시대로 넘어간다. 그 이유를 하나씩 살펴보자.

하나, 명군의 참전으로 명나라의 명작소설들이 조선에 소개된다.

둘, 명군의 참전으로 조선인들은 화폐를 매개로 한 상거래의 유용성을 확인한다.

셋, 임진왜란 직후 이앙법이 본격적으로 도입되며 조선 사회를 뒤흔든다.

명나라 참전과 함께 《삼국지》나 《수호지》 같은 소설들이 조선에 들어왔다. 21세기를 사는 우리도 게임으로, 만화로, 영화로, 드라마로 만드는 고전 중의 고전이 아닌가? 조선 시대 《삼국지》를 처음 접한 조선인들은 그야말로 컬처 쇼크를 겪는다. 한문으로 전래된 《삼국지》가 한글로 번역되면서 조선 사회는 영웅기담에 푹 빠져든다. 요즘으로 치자면 한국 멜로 드라마만 보다가 미국 드라마인 〈로스트〉나 〈프리즌브레이크〉를 처음 접한 느낌이랄까? 경제의 주체였던 남성들이 먼저 본격적으로 이야기의 소비자로 나서게 된다.

두 번째와 세 번째는 같이 묶어서 이야기해야 하는데 명나라군이 참전하기 전까지 조선 시대는 물물거래가 기본이었다. 이때 화폐 대용으로 사용했던 것이 쌀과 면포였다. 이러다 보니 자연스레 상거래가 제한됐고, 조선은 농업국가에서 멈춰 있었다. 이런 상황에서 명나라군이 조선에 들어온다. 명나라군의 보수체계는 월량이라 해서 병사 한 명에게 달마다 은 1냥 5푼을 지급했는데 이를 가지고 각자 필요한 군량과 마초를 구해야 했다. 하지만 조선은 은을 줘도 이걸 어떻게 받아야 할지, 어떻게 써야 할지 몰랐다. 임란 전 조선의 연간 은 거래량은 불과 몇천 냥 수준이었는데 임란 시절에는 매달 최소 7만 5천 냥의 은이 거래됐다.

여기에 같이 따라 들어온 명나라 군상軍商들의 활발한 경제 활동까지 더해지면서 조선에는 은이 넘쳐났고, 넘쳐난 은의 양만큼 화폐 경제를 체험하게 된다. 물물거래만을 해왔던 조선 사람들은 화폐 사용을 통해 화폐 경제의 유용성을 확인한다.

뒤이어 이앙법이 등장한다. 땅에다 씨를 뿌리는 직파법에 비해 모내기하는 이앙법은 생산력 면에서 비약적인 차이를 가져왔다. 당시의 평가를 보면 "이앙법에 비해 직파법은 열 배의 힘을 쓰고서 10분의 1의 곡식을 얻는 데 불과하다"란 표현이 보인다. 노동력은 적게 들고 생산력은 비약적으로 향상된다. 여기에 이모작이 가능케 됨으로써 보리농사도 짓게 된다. 경작지는 그대로인데 소출은 곱절로 늘어나고, 인력은 10분의 1로 줄어들었다는 것은 사회 전체적으로 보면 부의 증가를 의미했다.

그러나 모든 일에는 명암이 따르기 마련이다. 이앙법의 확산은 빈농이나 소작농들의 입지를 좁혔다. 조정에서 이앙법의 보급을 주저했던 이유 중 하나가 바로 이것이었다. 국가의 총생산 면에서 보자면 생산력은 올라가지만 동시에 실업자도 늘어나기 때문이다. 오늘날로 치자면 고용 없는 성장이라고 해야 할까? 결국 땅과 일자리를 잃은 이들은 너나 할 거 없이 도시로 몰려와 장사를 하게 된다.

숙종 시절 전국 각지에 상설시장이 형성된 이유가 바로 여기에 있다. '농자천하지대본'을 외치던 농업의 나라 조선은 이제 돈을 버는 데는 장사가 최고라는 외침으로 가득 찬다.

이런 사회적 변동과 부의 집중은 문화계에도 지각변동을 일으킨다. 판소리가 대표적인 사례인데 판소리가 형성된 것은 '가사 춘향가 이백구'가 지어진 영조 30년(1754년)으로 보고 있다.

경제가 문화를 만들다

급속한 경제 성장을 이룬 조선인들의 문화적 욕구가 수면으로 떠오른다. 여기에 가장 발 빠르게 대처했던 이들이 바로 전문적인 이야기꾼 전기수다. 이 대목에서 궁금한 것이 어째서 이야기꾼이었느냐는 점이다. 물론 사람들은 이야기를 좋아한다. 앞에서도 언급했지만 이야기의 힘은 시대와 장소를 막론하고 언제나 맹위를 떨쳤다. 그렇지만 이야기를 전달하는 수단에는 많은 방법이 있다. 대표적인 것이 책이다. 빅토리아 여왕 시절 영국에서는 이런 이야기에 대한 욕구가 책으로 드러났다. 그런데 조선에서는 왜 이야기꾼을 선택했던 걸까? 그들에게는 이야기를 특별하게 풀어낼 수 있는 재주가 있었던 걸까? 아니면 우리가 알지 못하는 다른 사정이 있었던 걸까?

공맹의 도리를 말하던 유학의 나라, 사대부들의 독서와 공부가 생활화된 나라, 금속활자의 개량과 발전을 위해 노력했던 나라, 1,893권 888책이라는 인류 역사상 그 누구도 범접할 수 없는 역사의 대기록《조선왕조실록》을 만들어낸 나라, 이런 나라가 바로 조선이다. 여기까지만 보면 조선이란 나라는 책의 제작이나 유통이 상당히 발달했을 거란 생각이 든다. 그러나 현실은 정반대였다.

"우리나라에는 온갖 물건을 다 매매하는 점포가 있는데, 유독 서적書籍만 점포가 없습니다. 그런 까닭에 비록 서적이 있어도 팔 수가 없습니다. 이리하여 서적이 극히 귀하고 문풍文風도 더욱 쇠퇴해갑니다. 해조該曹로 하여금 특별히 그 점포를 세우게 하여 서적을 팔고 사기에 편하게 하소서."

—《조선왕조실록》명종 6년, 1551년 5월 26일의 기록 중 발췌

명종 시절 윤춘년尹春年이 서점을 만들자고 건의를 한다. 하지만 바로 욕을 먹는다. 기록에 따르면 그를 두고 경망하고 간사한 사람이라고까지 평할 정도였다. 왜 그랬을까? 조선 시대 지식의 공급과 유통은 국가가 관장했다. 때문에 정책적으로 서점 설립을 금지했다. 통제를 용이하게 하기 위해서다. 덕분에 조선 시대 서적 유통은 책

쾌라고 하는 책 유통업자가 직접 책을 들고 사대부가를 들락거리는
형태로 이루어졌다.

문제는 17세기를 넘어서면서부터 일반 대중들도 책의 재미, 소설
의 재미를 알게 됐다는 것이다. 이 대목에서 영화 〈음란서생〉에 관
한 이야기를 해볼까 한다. 영화 〈음란서생〉을 보면 당시 소설을 둘
러싼 사회 분위기를 단적으로 확인할 수 있는데 젊은 여자들이 유
기전으로 위장한 책 대여점을 찾아가 음란소설을 빌리고 자신의 감
상평을 댓글로 다는 장면이 나온다. 이게 영화적 허구였을까? 아니
다. 조금 과장된 면이 없지 않지만 소설을 둘러싼 조선 사회의 현실
을 잘 반영하고 있다.

당대의 석학이자 정조 행정부의 핵심 실세였던 채제공은 "쾌가
는 이것을 깨끗이 베껴 쓰고 무릇 빌려주는 일을 했는데 번번이 그
값을 받아 이익으로 삼았다"라고 말한다. 여기서 쾌가는 17세기 후
반부터 등장한 세책점貰冊店이고, '이것'은 패설로 통칭하던 소설들
이다. 세책점이라고 하니 낯설게 느껴질지도 모르지만 간단히 말하
자면 오늘날 우리가 흔히 볼 수 있는 책 대여점(세책집, 세책점이라 해서
소설을 빌려 주는 곳)이라고 생각하면 된다.

영화상에 보이는 댓글 역시 실제로 있었던 일이다. 물론 영화에
서처럼 책에 대한 감상평보다는 대여업자에 대한 불만이 더 많았
다. 한 권짜리 책을 네 권으로 분권해 책을 대여하는 장삿속을 비
난하거나 내용이 형편없다거나, 오탈자에 대한 불만 등을 토로했다.
세책점 주인도 이런 불만에 응대했다. 다 좋은데 책을 훼손하지만

말라고, 책을 훼손하면 벌금을 물리겠다는 경고를 책에다가 적어놓았다. 그렇다면 어째서 책 빌리는 일을 숨어서 했을까? 영화적 과장이었을까? 아니면 음란한 소설이라서? 이는 당대의 사회 분위기를 표현했다고 볼 수 있다.

정조 행정부 시절의 석학이자 또 다른 실세였던 정약용은 "패관잡서는 인재 가운데 가장 큰 재앙"이라고 비난했고, 호학군주로 잘 알려진 정조는 문체반정文體反正을 일으켜 《열하일기》와 같은 참신한 문장이나 소품 소설 등을 잡문체로 규정하고 패관소설이나 잡서 등의 수입을 일체 금했다. 우리는 규장각을 학문을 연구하는 기관으로 알고 있지만 그 시작은 문체반정이었다.

그러나 이런 지배층의 분위기와 백성들의 분위기에는 온도 차가 있었다. 한번 이야기에 맛을 들인 백성들은 이야기를 포기할 수 없었다. 그런데 어째서 소설책 유통이 아니고 전기수들이 활약을 했던 걸까? 여기에는 크게 두 가지 이유가 있다. 첫째, 세책점이 등장했다고는 하지만 책값은 여전히 비쌌고 둘, 전기수에게는 전기수만의 매력이 있었다.

첫 번째, 세책점의 대여료 문제인데 세책점의 주요 고객인 부녀자들은 끼고 있던 가락지나 비녀를 팔아 책을 읽을 정도였다. 아무리 대중화됐다지만 일반 서민들이 쉽게 접근하기에는 아직 비쌌다.

둘째, 전기수만의 매력이 있었다는 건 책이 대중화되고 묵독이 나오기까지 인류의 글 읽기의 기본 형태는 낭독이었기 때문이다. 덕분에 구술문화가 발전한다. 구술에는 필연적으로 관용구나 장황한

〈담배 썰기〉 | 김홍도의 《단원풍속도첩》에 실린 그림 중 하나로 담배 써는 일을 하면서 이야기꾼이 읽어주는 소설을 듣고 있다.

묘사가 더해질 수밖에 없다. 우리의 판소리를 생각해보면 이해하기 쉬울 것이다. 이몽룡의 어사출두 장면만 보더라도 기본 10분이 넘어간다. 여기에 전기수들 각각의 개성과 애드립이 더해지면서 자신만의 콘텐츠를 만들어낸다.

이들은 기본적으로 소설 한 권을 통째로 암기한 다음 자신의 색깔과 대중들의 호응도를 관찰해 자기만의 이야기를 만들어낸다(똑같은 〈춘향전〉이라도 전기수마다 그 내용이 다 달라졌다). 무성영화 시절의 변사를 생각해보라.

똑같은 내용의 책이라도 낭독과 묵독이 다르다는 것이 얼른 와닿지 않을 것이다. 그러나 이 작은 차이는 인류의 이야기 소비 형태를 완전히 뒤바꿔놓았다. 낭독의 경우에는 앞에서도 말했지만 필연적으로 관용구와 장황한 묘사가 더해질 수밖에 없다. 구술문화의 특징이다. 그러나 묵독과 같은 개인적 책 읽기의 경우 이런 관용구와 장황한 묘사를 상당 부분 걷어낸 저지방 고단백의 책 읽기가 가능하게 된다. 이는 19세기 중반에 등장한 방각본 소설책을 보면 확실해진다. 제작비를 고려해 이런 묘사를 줄였을 수도 있겠지만, 기본적으로 방각본 소설책들은 묘사와 관용구 사용을 자제하고 스토리 자체에 집중하는 형태로 만들어졌다. 낭독과 묵독의 차이이기도 하지만 좀 더 쉽게 표현하자면 TV 시청과 독서 차이로 생각하면 이해가 빠를 것이다.

한 가지 재미있는 이야기를 더하자면 전기수들이 돈을 버는 방식이 요즘 우리가 드라마를 소비하는 방식과 비슷했다는 점이다. TV 드라마를 보다 보면 한참 긴장된 장면에서 다음 이시간에란 자막이 뜬다. 전기수들도 이런 식으로 장사를 했는데 클라이맥스에서 이야기를 중단한다. 더 듣고 싶다면 돈을 내라는 것이다. 이게 바로 요전법邀錢法이다. 예나 지금이나 인간의 심리란 비슷했던가 보다.

경제적인 압박과 정치적인 탄압이 있었음에도 사람들은 이야기를 찾아 헤맸다. 이건 유전자의 힘일까? 21세기를 살아가는 대한민국은 연평균 80여 편의 TV 드라마를 만들어내고 있다. 시대를 초월한 이야기 사랑. 한민족의 유전자 속에는 이야기에 대한 강렬한 욕망이 숨어 있는 것 같다.

실록에서 찾아낸
조선의 민낯

초판 1쇄 발행 2015년 6월 30일
초판 5쇄 발행 2020년 7월 10일

지은이 이성주
펴낸이 이범상
펴낸곳 (주)비전비엔피 · 애플북스

기획 편집 이경원 차재호 김승희 김연희 이가진 황서연 김태은
디자인 최원영 이상재 한우리
마케팅 한상철 이성호 최은석 전상미
전자책 김성화 김희정 이병준
관리 이다정

주소 우)04034 서울시 마포구 잔다리로7길 12 (서교동)
전화 02)338-2411 | **팩스** 02)338-2413
이메일 visioncorea@naver.com
블로그 blog.naver.com/visioncorea

등록번호 제313-2007-000012호

ISBN 978-89-94353-92-0 03900

· 값은 뒤표지에 있습니다.
· 잘못된 책은 구입하신 서점에서 바꿔드립니다.

「이 도서의 국립중앙도서관 출판시도서목록(CIP)은 e-CIP홈페이지(http://www.nl.go.kr/ecip)와
국가자료공동목록시스템(http://www.nl.go.kr/kolisnet)에서 이용하실 수 있습니다.(CIP제어번호: CIP2015015076)」